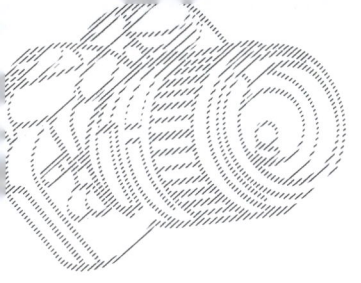

PRODUÇÃO E PRESERVAÇÃO DE DOCUMENTOS SIGILOSOS

O selo DIALÓGICA da Editora InterSaberes faz referência às publicações que privilegiam uma linguagem na qual o autor dialoga com o leitor por meio de recursos textuais e visuais, o que torna o conteúdo muito mais dinâmico. São livros que criam um ambiente de interação com o leitor – seu universo cultural, social e de elaboração de conhecimentos –, possibilitando um real processo de interlocução para que a comunicação se efetive.

Armando Kolbe Júnior

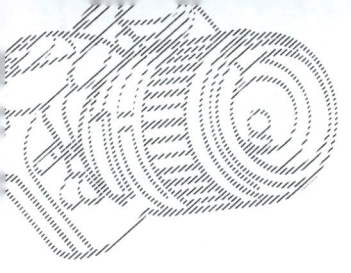

PRODUÇÃO E PRESERVAÇÃO DE DOCUMENTOS SIGILOSOS

Dados Internacionais de Catalogação na Publicação (CIP)
(Câmara Brasileira do Livro, SP, Brasil)

Kolbe Júnior, Armando
    Produção e preservação de documentos sigilosos/Armando Kolbe Júnior. Curitiba: InterSaberes, 2020. (Série Estudos de Investigação Particular)

    Bibliografia.
    ISBN 978-85-227-0270-1

    1. Documentos – Gestão 2. Gerenciamento da informação 3. Preservação digital 4. Segurança de dados 5. Sistemas de armazenamento e recuperação de dados 6. Tecnologia da informação I. Título. II. Série.

19-32174   CDD-658.472

Índices para catálogo sistemático:
1. Documentos sigilosos: Segurança documental: Gerenciamento da informação: Administração 658.472

Maria Paula C. Riyuzo – Bibliotecária – CRB-8/7639

1ª edição, 2020.

Foi feito o depósito legal.

Informamos que é de inteira responsabilidade do autor a emissão de conceitos.

Nenhuma parte desta publicação poderá ser reproduzida por qualquer meio ou forma sem a prévia autorização da Editora InterSaberes.

A violação dos direitos autorais é crime estabelecido na Lei n. 9.610/1998 e punido pelo art. 184 do Código Penal.

Rua Clara Vendramin, 58
Mossunguê . CEP 81200-170
Curitiba . PR . Brasil
Fone: (41) 2106-4170
www.intersaberes.com
editora@editoraintersaberes.com.br

Conselho editorial
— Dr. Ivo José Both (presidente)
— Dr.ª Elena Godoy
— Dr. Neri dos Santos
— Dr. Ulf Gregor Baranow

Editora-chefe
— Lindsay Azambuja

Gerente editorial
— Ariadne Nunes Wenger

Analista editorial
— Ariel Martins

Preparação de originais
— Bruno Gabriel

Edição de texto
— Viviane Fernanda Voltolini

Capa
— Charles L. da Silva (*design*)
— gowithstock/Shutterstock (imagen)

Projeto gráfico
— Iná Trigo (*design*)
— father/Shutterstock (imagens)

Diagramação
— Estúdio Nótua

Equipe de *design*
— Mayra Yoshizawa
— Charles L. da Silva

Iconografia
— Celia Suzuki
— Regina Claudia Cruz Prestes

sumário

apresentação _____ 9
como aproveitar ao máximo este livro _____ 11

Capítulo 1
Fundamentos de armazenamento de informações _____ 15
   1.1 Armazenamento e análise de dados e informações _____ 16
   1.2 Ciclo de vida da informação _____ 25
   1.3 Disponibilidade das informações _____ 28
   1.4 Armazenamento de dados _____ 38

Capítulo 2
Desafios no gerenciamento de informações _____ 44
   2.1 Unidades de medida no gerenciamento de informações _____ 45
   2.2 Preservação digital e proteção de dados: RAID _____ 47
   2.3 A utilização de fontes abertas na segurança da informação _____ 63
   2.4 O preparo da coleta de dados _____ 79
   2.5 Linha de ação para o profissional _____ 85

Capítulo 3
Produção de documentos sigilosos _____ 90
   3.1 Classificação _____ 92
   3.2 Arquivamento _____ 96
   3.3 Tabela de temporalidade _____ 100
   3.4 Avaliação de documentos _____ 105
   3.5 Taxonomia, Isad(G) e Nobrade _____ 107

Capítulo 4
Legislação de suporte de documentos e informações sigilosas ___122
   4.1 Histórico da legislação ___123
   4.2 Lei de Acesso à Informação ___130
   4.3 Acesso à informação ___140
   4.4 Lei n. 8.159, de 8 de janeiro de 1991 ___148
   4.5 Os meios eletrônicos ___149
   4.6 Perspectivas futuras ___157

Capítulo 5
Tecnologia da informação ___161
   5.1 Nuxeo, Archivematica, Atom e Sigad ___162
   5.2 Ambiente do sistema de armazenamento ___164
   5.3 Dispositivo de armazenamento ___172
   5.4 Componentes do *drive* de disco ___174
   5.5 Componentes lógicos do *host* ___181

Capítulo 6
Segurança, privacidade e confiabilidade ___191
   6.1 Segurança da informação ___192
   6.2 Confidencialidade/privacidade, integridade/confiabilidade, disponibilidade e redundância ___193
   6.3 Estrutura de segurança do armazenamento ___195
   6.4 Riscos à segurança ___197
   6.5 Domínios de segurança de armazenamento ___204

Capítulo 7
Backup e recuperação _____ **217**
   7.1 Objetivos do *backup* _____ 218
   7.2 Algumas considerações sobre *backup*, restauração e granularidade _____ 220
   7.3 Métodos de *backup* _____ 228
   7.4 Proteção do *backup*: recuperação e arquivamento (Bura) _____ 232
   7.5 Eliminação de dados _____ 232

considerações finais _____ 240
referências _____ 242
respostas _____ 251
sobre o autor _____ 256

Inicialmente, gostaria de agradecer ao professor Jorge Bernardi, que gentilmente me convidou a escrever essa obra.

Aos meus queridos pais, Armando e Julia, que não fazem mais parte desse plano, pelo total apoio na busca por um futuro melhor.

Aos meus filhos, Daniele e Maurício, minha neta Julie e à minha querida companheira de todas as horas, Neusa, por estarem ao meu lado em todos os momentos, incentivando-me a seguir em frente.

Aos professores e professoras Débora Veneral, Antoine Youssef Kamel, Daniele Assad Gonçalves, Desire Luciane Dominschek, Marli de Azevedo, Leonardo Santos Teles e Rafael Cobbe Dias, por contribuírem nas pesquisas e me apoiarem na construção dessa obra.

Aos amigos-irmãos, professores Alvino Moser, Benhur Gaio, Hamilton Pereira da Silva, Antônio Siemsen Munhoz, Heriberto Ivan Machado, Luciano Frontino de Medeiros e Elton Ivan Schneider, pelo convívio, pronta disposição e por apoiarem minhas empreitadas em todos os momentos.

apresentação

Em plena era do conhecimento, na qual as inovações tecnológicas são constantes, é crescente a necessidade de se manter sempre atualizado; isso vale tanto para as pessoas quanto para as organizações. Nesse cenário surgem novas preocupações e, com estas, estar informado e preparado torna-se uma prioridade. O armazenamento de informações ocupa a posição central entre os diversos pilares que escoram a tecnologia da informação (TI). Quantidades cada vez maiores de informações digitais são criadas em toda parte e a todo momento, tanto por consumidores individuais quanto por consumidores corporativos de TI. Isso evidencia a relevância de armazenar, gerenciar e proteger esses dados.

Num passado não muito distante, as informações eram armazenadas em arquivos de metal e livros de papel. Mais recentemente, alguns discos e fitas conectadas em computadores substituíram essa prática. Compreender a importância e o desempenho que a tecnologia de armazenamento de informações desempenha nas organizações já não é algo restrito aos profissionais que atuam na área.

As atividades e os processos que compõem o armazenamento de informações sofreram diversas transformações nas últimas duas décadas. No período, tecnologias altamente sofisticadas passaram a ser empregadas e inúmeras soluções começaram a ser disponibilizadas na otimização, na conexão, no gerenciamento, na proteção, na segurança e no compartilhamento das informações digitais.

Esse crescimento exponencial do volume de informações e do desenvolvimento aprimorado de soluções para seu tratamento tem aumentado muito a demanda por profissionais, cada vez mais preparados, para atuarem nas atividades que envolvam o armazenamento e a segurança das informações. A cada dia que passa, os gerentes de

TI têm de enfrentar o desafio de desenvolver e contratar profissionais altamente capacitados.

A preparação adequada dos profissionais é ponto indispensável para que estes possam atuar nessa nova era, a era do conhecimento, na qual a gestão de documentos e informações envolve inúmeras atividades como a produção, a tramitação, o uso, a avaliação e o arquivamento nas fases corrente e intermediária com vistas a sua destinação final – que pode ser a guarda permanente ou a eliminação. O propósito é, de alguma forma, garantir a preservação e a segurança dos documentos e das informações, principalmente as sigilosas, bem como os direitos dos interessados.

No transcorrer da obra, trataremos de diversos assuntos relativos, principalmente, à segurança das informações. Para isso, no Capítulo 1, versaremos sobre os fundamentos do armazenamento de dados para, no Capítulo 2, detalharmos os desafios no gerenciamento de informações. No Capítulo 3, nosso enfoque será direcionado à produção de documentos sigilosos, entendendo itens como classificação, arquivamento e avaliação, assim como a criação de algumas normas que permeiam a produção de dados. Com isso em mente, no Capítulo 4 traçaremos o histórico da legislação que envolve o suporte de informações sigilosas e as leis que até hoje se relacionam com o tema. Faremos um estudo mais detalhado da tecnologia da informação no Capítulo 5. Demonstraremos a importância dos temas segurança, privacidade e confiabilidade no Capítulo 6. No Capítulo 7, nossa análise se deterá na relevância do *backup*, apontando itens sobre sua proteção e eventual necessidade de recuperação.

Produzir, registrar, gerar relatórios e transformar as informações em conhecimento são habilidades e competências exigidas dos profissionais que fazem investigações. Assim, esses são os temas que norteiam nossos estudos e aos quais você atentar ao longo de toda a obra.

Desejamos a você um bom estudo!

como aproveitar ao máximo este livro

Empregamos nesta obra recursos que visam enriquecer seu aprendizado, facilitar a compreensão dos conteúdos e tornar a leitura mais dinâmica. Conheça a seguir cada uma dessas ferramentas e saiba como estão distribuídas no decorrer deste livro para bem aproveitá-las.

Conteúdos do capítulo
Logo na abertura do capítulo, relacionamos os conteúdos que nele serão abordados.

Após o estudo deste capítulo, você será capaz de:
Antes de iniciarmos nossa abordagem, listamos as habilidades trabalhadas no capítulo e os conhecimentos que você assimilará no decorrer do texto.

Preste atenção!
Apresentamos informações complementares a respeito do assunto que está sendo tratado.

Importante!
Algumas das informações centrais para a compreensão da obra aparecem nesta seção. Aproveite para refletir sobre os conteúdos apresentados

Para saber mais

Sugerimos a leitura de diferentes conteúdos digitais e impressos para que você aprofunde sua aprendizagem e siga buscando conhecimento.

Síntese

Ao final de cada capítulo, relacionamos as principais informações nele abordadas a fim de que você avalie as conclusões a que chegou, confirmando-as ou redefinindo-as.

Questões para revisão

Ao realizar estas atividades, você poderá rever os principais conceitos analisados. Ao final do livro, disponibilizamos as respostas às questões para a verificação de sua aprendizagem.

Questões para reflexão

Ao propor estas questões, pretendemos estimular sua reflexão crítica sobre temas que ampliam a discussão dos conteúdos tratados no capítulo, contemplando ideias e experiências que podem ser compartilhadas com seus pares.

FUNDAMENTOS DE ARMAZENAMENTO DE INFORMAÇÕES

Conteúdos do capítulo
- Armazenamento de informações.
- Armazenamento e disponibilidade.

Após o estudo deste capítulo, você será capaz de:
1. compreender a importância do armazenamento da informação;
2. reconhecer as principais funções do armazenamento;
3. detalhar como as informações são disponibilizadas.

Acessamos a internet todos os dias, fazendo consultas, participando das redes sociais, enviando e recebendo *e-mails*, compartilhando imagens e vídeos, realizando negócios e muitas outras ações. Cada vez mais as informações têm feito parte de nosso dia a dia, e a demanda por elas tem se avolumado muito. O número de dispositivos e artefatos tecnológicos está crescendo, e com ele a geração de conteúdo está se ampliando.

Nesse panorama, as informações têm sido produzidas mais por pessoas físicas do que por organizações, mostrando-se ainda mais valiosas quando compartilhadas. Inicialmente, as informações produzidas ficam localizadas nos dispositivos que as originaram (celulares, *laptops*, *desktops* etc.). Ao serem enviadas pelas redes aos *data centers*, passam a ser compartilhadas e, embora sejam mormente criadas por pessoas, são armazenadas e gerenciadas por uma quantidade limitada de organizações.

Neste primeiro capítulo, trataremos desse armazenamento, entendendo sua importância e suas funções e versaremos sobre como é feita a disponibilidade das informações.

1.1 Armazenamento e análise de dados e informações

No mundo corporativo, o volume das informações está crescendo muito, bem como a dependência das organizações em relação ao acesso rápido e confiável a esses dados para seu sucesso. São numerosos os aplicativos comerciais que processam dados, gerando informações importantes; entre eles, há os que auxiliam no comércio eletrônico, em caixas eletrônicos, no gerenciamento de estoques, em portais *web*, cartões de crédito, passagens aéreas e até mesmo mercados de capitais.

A prioridade em *data centers*, por exemplo, tem sido o armazenamento de informações, em conjunto com o uso de aplicativos, banco de dados e redes. As tecnologias aplicadas à área continua em franca evolução, sendo acompanhadas de avanços técnicos nas áreas de segurança, escalabilidade, desempenho, integridade, capacidade e gerenciamento.

Um investigador profissional deve utilizar recursos e métodos variados em busca do sucesso de suas investigações e da proteção das informações de seus contratantes. Tanto as pessoas quanto as organizações, públicas ou privadas, cometem inúmeros erros no quesito segurança das informações, os quais podem causar danos desastrosos. Qualquer falha, ou mesmo descuido, pode ser fatal, pois isso pode criar condições para que, por alguma infelicidade, esses dados sejam acessados por pessoas inescrupulosas. Portanto, conhecer os fundamentos de armazenamento das informações é um requisito importantíssimo para aqueles que querem atuar nessa área.

Nesse sentido, para iniciarmos nossa explanação, precisamos primeiramente esclarecer os termos que utilizamos no cotidiano. O que, afinal, são *dados* e *informações*? Kolbe Júnior (2017, p. 71) afirma: "é bastante comum, por conta desse contato diário, que utilizemos os termos dados e informações de forma indiscriminada".

O autor, então, define *dados* como "sinais desprovidos de interpretação ou significado" (Kolbe Júnior, 2017, p. 72) ou mesmo um conjunto de fatos em estado bruto dos quais se pode tirar conclusões. Os dados se materializam em números, sons, gráficos, imagens, palavras, símbolos, cartas manuscritas, livros impressos, fotos de família, filmes em fita de vídeo, livros-razões, cópias assinadas de papéis de hipotecas e cadernetas bancárias do titular de uma conta ou qualquer outro sinal desprovido de contexto (Somasundaram; Shrivastava; EMC Education Services, 2011).

Kolbe Júnior (2017, p. 72) cita um exemplo para elucidar o assunto:

> Quando visualizamos um cadastro ou mesmo uma foto pela primeira vez em uma tela no computador ou mesmo no celular, estamos entrando em contato com dados que são entendidos

como estruturas sem significado. Dados são símbolos ou signos que representam objetos ou fatos que podem ser expressos de forma textual, visual ou numérica, sendo constituídos de registros de algo observado e então mensurado. **Os dados, portanto, são a matéria-prima das informações.** (Kolbe Júnior, 2017, p. 72, grifo do original)

Bem antes de surgirem os computadores, os papéis e filmes eram utilizados para a criação e o compartilhamento de dados. Com o passar dos anos, novos artefatos tecnológicos surgiram e permitiram que esses dados disponibilizados em mídias menos atuais pudessem ser convertidos para novos meios. Passaram a ser empregados, a partir de então, livros eletrônicos e imagens digitalizadas.

Conforme visto em Somasundaram, Shrivastava e EMC Education Services (2011, p. 27), esses dados "podem ser gerados em um computador e armazenados em fluxos de 0s e 1s". Observe o exemplo na Figura 1.1. Ao serem apresentadas nesse formato, as informações são chamadas de ***dados digitais***, os quais podem ser acessados por usuários somente depois de serem processados por um computador.

Figura 1.1 – Dados digitais

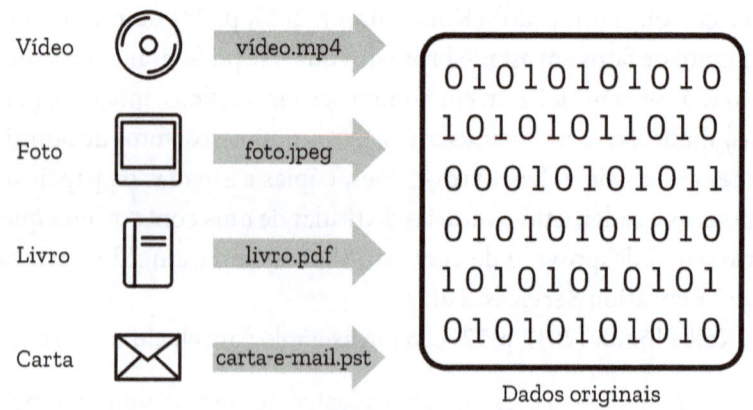

Fonte: Somasundaram; Shrivastava; EMC Education Services, 2011, p. 27.

Os significativos avanços tecnológicos e o volume na geração e no compartilhamento de dados cresceram de forma exponencial. Atualmente, os dados são originados por pessoas e organizações em geral, estão dispostos em bancos de dados e são manipulados por sistemas gerenciadores de banco de dados (SGBD) e/ou por sistemas computacionais.

> **Preste atenção!**
>
> Os dados normalmente são capturados de forma semiautomática ou automática. Isso ocorre quando digitalizamos ou trabalhamos com documentos, pelos quais podemos capturar dados de uma maneira inteligente, automatizando o processamento deles. Ocorre automaticamente quando não há intervenção de humanos no processo e semiautomaticamente quando há alguma intervenção humana na captura.

Os fatores listados a seguir contribuíram para o aumento do volume de dados digitais:

- **Ampliação da capacidade de processamento de dados**: Os computadores atuais proporcionam um aumento significativo na capacidade de processamento e de armazenamento. Isso permite a conversão de diversos tipos de conteúdo e mídias dos seus formatos convencionais para formatos digitais.
- **Menor custo do armazenamento digital**: Os avanços tecnológicos e a diminuição do custo dos dispositivos de armazenamento permitiram soluções de baixo custo e incentivaram o desenvolvimento de dispositivos de armazenamento de dados mais baratos. Esse benefício nos custos aumentou a taxa de geração e armazenamento de dados.
- **Tecnologias de comunicação mais rápidas e acessíveis**: A velocidade de compartilhamento de dados digitais é agora muito

maior do que a das abordagens tradicionais. Uma carta escrita à mão pode levar uma semana para chegar ao destinatário, já uma mensagem de e-mail demora apenas alguns segundos para chegar ao destino. (Somasundaram; Shrivastava; EMC Education Services, 2011, p. 28)

O estudo dos fatores citados evidencia que o crescimento exponencial e acelerado do volume dos dados só foi possível porque algumas formas fáceis, e até baratas, utilizadas para a criação, a coleta e o armazenamento dos mais diversos tipos de dados aliaram-se às necessidades cada vez maiores das pessoas e das organizações, com diferentes propósitos e importância.

Se levarmos em conta a importância dos dados, veremos que a variação do tempo é de suma importância. A maioria dos dados tem relevância em um prazo muito curto, e com o passar do tempo, tornam-se mais valiosos. "Isso determina os tipos usados de soluções de armazenamento de dados, que são estocados em diversos tipos de dispositivos de armazenamento, como discos rígidos, CDs, DVDs, discos *blu-ray* ou *drives* de memória *flash* USB (*Universal Serial Bus*)" (Somasundaram; Shrivastava; EMC Education Services, 2011, p. 28; Nguyen, 2018, p. 271).

Para utilizar-se dos benefícios, as organizações produzem significativas quantidades de dados e, na sequência, extraem deles informações de muita importância. Com isso, geram a necessidade de guardar e, principalmente, assegurar que tais dados estejam disponíveis por um longo período.

Além dessa disponibilidade, os dados podem variar quanto a sua importância, sendo necessário um gerenciamento especial. Podemos citar como exemplo as instituições bancárias; nelas, os requisitos legais e regulatórios são exigências cobradas para manter as informações sobre as contas de seus clientes de forma exata e principalmente segura.

> **Importante!**
>
> Determinadas organizações trabalham com os dados de milhões de clientes e devem garantir a segurança e a integridade por períodos longos. Isso requer equipamentos com substancial capacidade de armazenamento de dados e, principalmente, com recursos de segurança adequados, garantindo a manutenção por longos períodos.

1.1.1 Tipos de dados

Como vimos até aqui, os dados são fundamentais para as pessoas e as organizações. Segundo a forma como são armazenados e gerenciados, podemos classificá-los como *estruturados* ou *não estruturados*. Observe o Gráfico 1.1.

Gráfico 1.1 – Tipos de dados

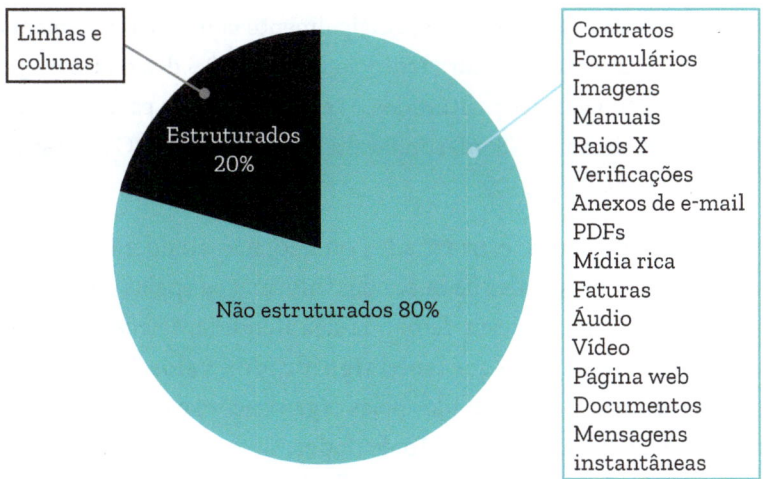

Fonte: Somasundaram; Shrivastava; EMC Education Services, 2011, p. 30.

Os **dados estruturados** são dispostos em linhas e colunas. Eles têm um formato definido e são apresentados de forma rígida para que os aplicativos possam recuperá-los e processá-los. Normalmente, são armazenados com o uso de um SGBD.

Considera-se como ***dados não estruturados*** aqueles cujo conteúdo não pode ser armazenado na disposição de linhas e colunas. Eles são mais difíceis de consultar e recuperar com aplicativos. Somasundaram, Shrivastava e EMC Education Services (2011, p. 29) apresentam como exemplo de dados não estruturados os contatos de clientes, que

> podem ser armazenados de diversas formas, como em notas autoadesivas, mensagens de e-mail, cartões de apresentação, ou até mesmo em arquivos de formato digital como .doc, .txt e .pdf. Devido à sua natureza não estruturada, é difícil pesquisar [esses dados] por meio de um aplicativo de gerenciamento de relacionamento com os clientes. Dados não estruturados podem não ter os componentes necessários para uma identificação específica de algum tipo de processamento ou mesmo interpretação. As empresas se preocupam principalmente com o gerenciamento de dados não estruturados, pois mais de 80% dos dados corporativos não são estruturados e requerem maior espaço e mais gerenciamento. (Somasundaram; Shrivastava; EMC Education Services, 2011, p. 29)

Somente os dados, estruturados ou não, não atendem de forma suficiente as necessidades de busca das informações pelas pessoas ou organizações. Para que essa demanda seja atendida, é necessário que exista uma apresentação que tenha **significado** e **valor**. Desse modo, os dados precisam ser analisados pelas organizações e por aqueles que pretendem atuar na investigação de dados.

A respeito da análise de dados, Kolbe Júnior (2017, p. 72, grifo do original) afirma:

A partir do momento em que assimilamos o conteúdo [...], os dados são assimilados, analisados, percebidos, ganhando relevância e alcançando sua finalidade, ocasião em que podem ser considerados como informações. **Informação, portanto, refere-se ao dado dotado de significado.** Assim, podemos entender a informação como resultado da interpretação dos dados.

Quando os dados brutos são devidamente analisados pelas organizações, é possível identificar quais são as tendências e, com isso, planejar ou mesmo modificar suas estratégias organizacionais. Um exemplo disso é citado em Somasundaram, Shrivastava e EMC Education Services (2011, p. 29):

> um varejista identifica os produtos e marcas preferidos pelos clientes analisando seus padrões de compra e mantendo um estoque desses produtos.
>
> A análise eficaz de dados não apenas estende seus benefícios para as atividades de negócio existentes, mas também cria potencial para novas oportunidades de negócios usando as informações de forma criativa.

Outro exemplo citado por Somasundaram, Shrivastava e EMC Education Services (2011) é o dos portais de empregos. Para ampliar o número de potenciais empregadores, as pessoas que procuram uma vaga distribuem seus currículos em diversos *sites* que oferecem dispositivos de busca. Os dados são armazenados e disponibilizados em locais de fácil acesso aos contratantes. Os *softwares* associam palavras-chave dos currículos com as disponibilidades de empregos. Assim, o mecanismo de busca utiliza os dados, transformando-os em informação para empregadores e auxiliando as pessoas que estão à procura de um emprego.

Informação, de acordo com Kolbe Júnior (2017, p. 70), "refere-se ao dado dotado de significado". As informações, produzidas em menor volume que os dados, são apresentadas geralmente na forma de gráficos ou relatórios e auxiliam nas tomadas de decisões.

A distinção entre dados e informações deve fazer parte do aprendizado dos profissionais que atuarão com esses itens. O simples fato de transformar dados brutos em informações e, posteriormente, em conhecimento, não irá agregar algo profundo a um futuro investigador, nem mesmo se os resultados desejados nas operações forem alcançados.

> **Importante!**
> É essencial aprender a transformar dados brutos em conhecimento. Os dados tomados isoladamente não têm todo o valor possível. Um investigador, ou qualquer outro profissional que necessitar apresentar resultados, precisa agregar valor a seu trabalho, apreendendo dados de maneira concatenada e direcionada a determinado objetivo.

O profissional deve encontrar os caminhos necessários para separar "o joio do trigo", entendendo principalmente que o fato de "amontoar" fotos e vídeos em um dispositivo de armazenamento, ou até mesmo entregar um relatório impresso ou em formato digital, pode não ter utilidade nenhuma ao requerente. Para que os resultados dessa apreensão de dados sejam eficientes e/ou efetivos, é preciso que eles tenham características próprias, agregando informações de maneira útil e específica.

Informações são cruciais para o bom desempenho e o sucesso de uma organização. Nesse ínterim, a proteção de dados precisa ser uma preocupação constante. Atualmente, existem obrigações legais, regulatórias e contratuais que estão diretamente relacionadas à proteção e à respectiva disponibilidade dos dados. Quaisquer interrupções em organizações que atuam nas áreas de serviços financeiros, telecomunicações e de energia, entre outras, custam milhões de reais por hora.

Por esses motivos, o investigador profissional deve ter conhecimentos sobre como ocorre o ciclo de vida da informação, assunto da próxima seção.

1.2 Ciclo de vida da informação

Os dados somente agregam valor para as pessoas e as organizações quando são criados e utilizados com frequência. Assim, o ciclo de vida da informação depende principalmente da intensidade com que é acessado e do tempo decorrido.

> **Importante!**
> O bom entendimento do ciclo de vida da informação em uma organização auxilia na implantação da infraestrutura, de acordo com as mudanças no valor dessa informação, para que haja o armazenamento dos dados.

Na Figura 1.2, há um exemplo de um aplicativo de pedidos de venda. Quando uma solicitação é feita, o valor das informações muda, ocorrendo alterações até a expiração. Nesse caso específico, o valor das informações é mais alto quando a organização recebe uma nova ordem, processando-a para entregar o produto. Decorridos os processos e após o pedido ter sido entregue, os dados do cliente não são mais necessários. Assim, não há necessidade de que eles fiquem disponíveis em tempo real.

A partir desse momento, os dados podem ser transferidos para o armazenamento secundário, o qual tem como princípio atender requisitos menores de acessibilidade e disponibilidade. Após a expiração estar garantida, as organizações podem arquivar ou mesmo descartar os dados, a fim de disponibilizar mais espaço para outras informações de maior valor (Somasundaram; Shrivastava; EMC Education Services, 2011, p. 36).

Figura 1.2 – Alterando o valor das informações da ordem de vendas

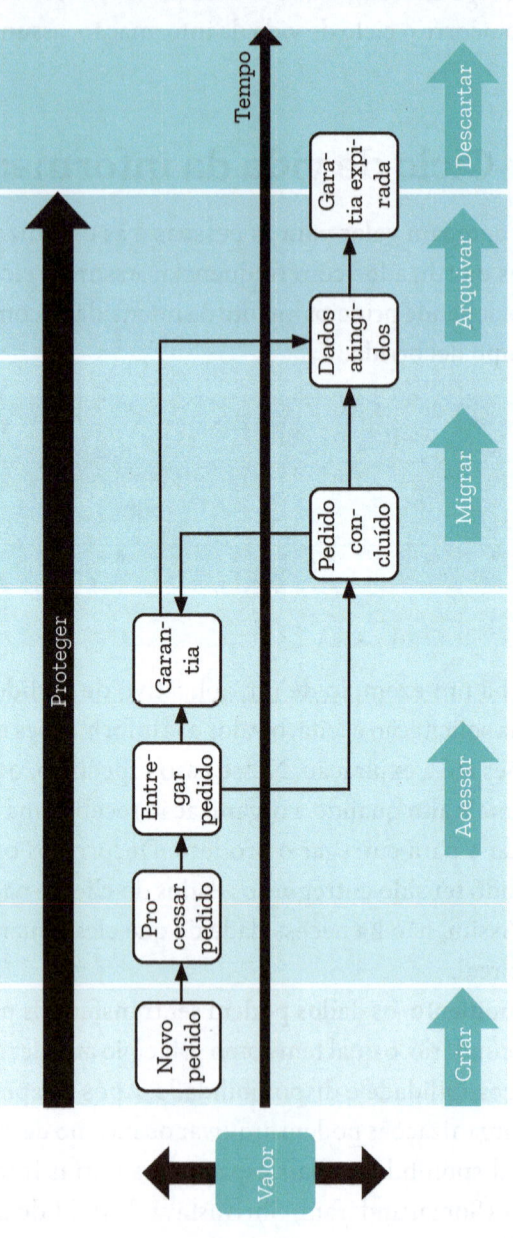

Fonte: Somasundaram; Shrivastava; EMC Education Services, 2011, p. 37.

Para auxiliar no gerenciamento do ciclo de vida das informações nas organizações modernas, os dados têm de, obrigatoriamente, estar protegidos e disponíveis permanentemente. Esse objetivo pode ser atingido se os *data centers* fizerem uso otimizado e apropriado da infraestrutura de armazenamento. Isso demanda uma política eficaz no auxílio do gerenciamento de informações, com habilitação do suporte e uma infraestrutura que potencialize os benefícios advindos.

Como outras estratégias, o gerenciamento do ciclo de vida da informação (ILM – *Information Lifecycle Management*, em inglês) é uma estratégia proativa que permite às organizações, em conjunto com sua área de tecnologia da informação (TI), um gerenciamento eficaz dos dados no seu ciclo de vida. Logicamente, uma base em políticas de negócios preestabelecidas se faz essencial.

A estratégia de ILM deve ser centrada no negócio, integrando-se aos processos, aos aplicativos e às iniciativas do empreendimento para que possa lidar com o crescimento atual e futuro das informações. Ela também deve ser gerenciada centralmente, pois todas as informações de um negócio necessitam da supervisão da estratégia de ILM.

Essa estratégia deve ser baseada em políticas e não se restringir a determinados departamentos. Em outras palavras, o ILM precisa ser implantado como uma política, abrangendo todos os aplicativos, processos e recursos da organização. Outra característica é sua heterogeneidade, considerando-se todas as plataformas de armazenamento e os sistemas operacionais. Por fim, ela deve ser otimizada, pois pela forma variada que ocorre no valor das informações, a estratégia deve considerar diferentes requisitos de armazenamento. Para alocar os recursos a serem utilizados para o armazenamento, é preciso ter como base o valor das informações para a organização (Somasundaram; Shrivastava; EMC Education Services, 2011, p. 37).

Como visto, o entendimento do ciclo de vida das informações é de suma importância para não se trabalhar ou armazenar dados e informações obsoletas. De todo modo, não podemos desconsiderá-los simplesmente sem um estudo mais aprofundado de sua relevância ou não. É imprescindível compreender que a disponibilidade das informações de forma assertiva é uma medida estratégica fundamental em todo o processo de arquivamento.

1.3 Disponibilidade das informações

Para que fiquem facilmente acessíveis para posterior processamento, os dados, criados por pessoas ou organizações, devem ficar armazenados em dispositivos de armazenamento próprios para esse fim. Existem diversos tipos de armazenamento, que variam de acordo com os tipos e a velocidade que esses dados são criados.

Em outros tempos, eram utilizados disquetes e fitas de rolos, mas atualmente há diversos dispositivos de armazenamento, como *DVD*, *CD-ROM*, *pendrive*, memória do celular e discos rígidos. As organizações utilizam-se até mesmo de espaço na nuvem. Além disso, os dispositivos móveis têm sido muito empregados para fotografar, filmar, escrever e gravar áudios.

Com a evolução constante das tecnologias, os dispositivos de armazenamento não podiam ficar obsoletos. Se em outros tempos as organizações possuíam em seus *data centers* grandes computadores centralizados, *mainframes*, rolos de fita e blocos de discos, nos dias de hoje esses equipamentos não fariam sentido. Isso porque alguns fatores precisam ser considerados, como a evolução dos sistemas abertos e sua viabilidade financeira. Além disso, com a maior facilidade para a implantação, os diversos setores das organizações passaram a contar com seus próprios servidores e armazenamento. Nas primeiras implantações de sistemas abertos, o armazenamento normalmente era interno no servidor.

Alguns problemas, como ilhas de informações desprotegidas, sem gerenciamento e fragmentadas, acompanhadas de custos operacionais cada vez mais altos foram resultados negativos da proliferação de servidores departamentais nas organizações. No princípio, os processos para gerenciamento desses servidores e, consequentemente, dos dados armazenados eram muito limitados. O fator que contribuiu para se superarem essas dificuldades foi a migração das tecnologias de armazenamento interno não inteligente para as de armazenamento em rede inteligente (Figura 1.3).

Importante!

As constantes evoluções das tecnologias e da arquitetura de armazenamento deram condições para que as organizações consolidassem, otimizassem e protegessem seus dados, proporcionando maior retorno em ativos de informação.

Figura 1.3 – A evolução das arquiteturas de armazenamento

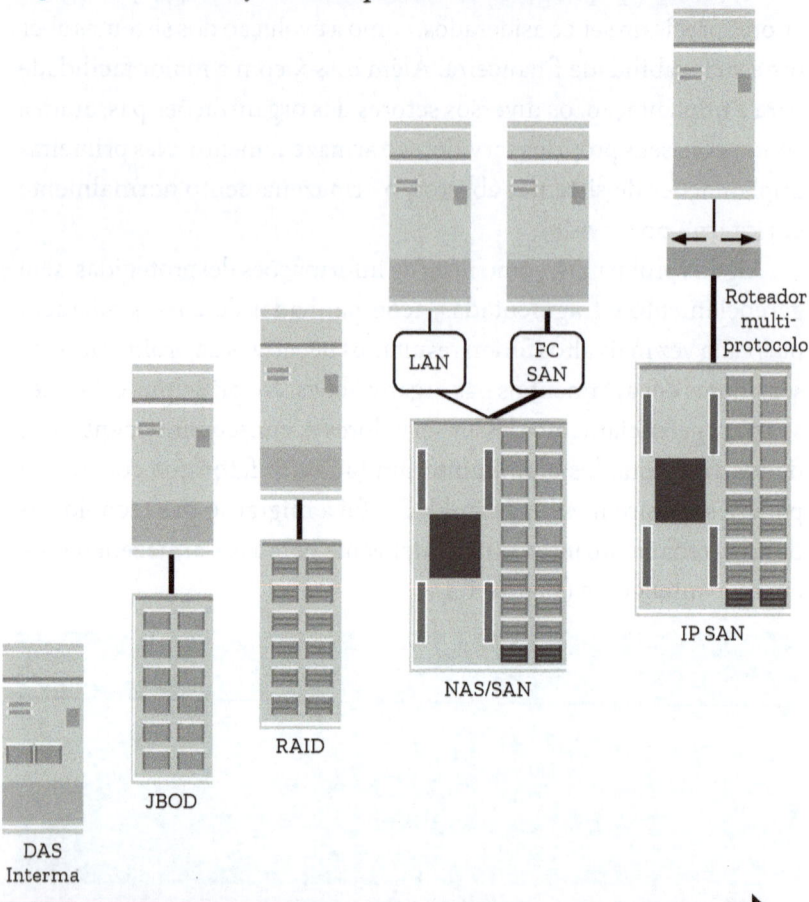

Fonte: Somasundaram; Shrivastava; EMC Education Services, 2011, p. 32.

Ao examinar a Figura 1.3, percebe-se que os principais destaques na evolução da tecnologia incluem alguns nomes, que são detalhados conforme Somasundaram, Shrivastava e EMC Education Services (2011, p. 31, grifo do original):

- **RAID (Redundant Array of Independent Disks)**: Tecnologia desenvolvida para direcionar os requisitos de custo, desempenho e disponibilidade de dados. Ela continua a se desenvolver e é usada em todas as arquiteturas de armazenamento, como DAS, SAN, etc.
- **DAS (Direct-Attached Storage)**: Tipo de armazenamento que se conecta diretamente ao servidor (*host*) ou a um grupo de servidores em um *cluster*. O armazenamento pode ser interno ou externo ao servidor. O DAS externo diminui os problemas de capacidade limitada de armazenamento interno.
- **SAN (Storage Area Network)**: Rede FC (*Fibre Channel*) dedicada e de alto desempenho para facilitar a comunicação em **nível de blocos** entre os servidores e o armazenamento. Este é particionado e atribuído a um servidor para acessar os dados. A SAN oferece vantagens de escalabilidade, disponibilidade, desempenho e custo se comparado com servidores DAS.
- **NAS (Network-Attached Storage)**: Armazenamento dedicado a aplicativos de *file serving*. Diferentemente de uma SAN, conecta-se a uma rede de comunicações existente (LAN) e fornece acesso a arquivos para clientes heterogêneos. Por ser construído propositalmente para aplicativos de servidor de arquivos, oferece maior escalabilidade, disponibilidade, desempenho e vantagens de custo comparado a servidores de arquivos de propósito geral.
- **IP-SAN (Internet Protocol SAN)**: Uma das evoluções mais recentes na arquitetura de armazenamento, o IP-SAN é uma convergência de tecnologias usadas em SAN e NAS. O IP-SAN fornece comunicação em nível de blocos através de uma rede local (LAN) ou de longa distância (WAN), resultando em uma maior consolidação e disponibilidade dos dados.

Como expusemos até este ponto, toda a estrutura de armazenamento proporciona uma disponibilidade mais adequada das informações. Nesse sentido, uma das estruturas mais importantes é mesmo a de um *data center*, que detalharemos na próxima seção.

1.3.1 Estrutura do *data center*

Nas organizações, há centrais de dados que têm a função de fornecer processamento para todos os setores ou departamentos. Essas centrais são responsáveis pelo armazenamento e pelo gerenciamento de grandes quantidades de dados críticos. A infraestrutura formada para esse fim conta com computadores, sistemas de armazenamento, dispositivos de rede e fontes reservas de alimentação de energia. É acrescida de controles dos ambientes, tais como condicionadores de ar e sistemas contra incêndio.

As organizações de grande porte conservam em sua infraestrutura mais de uma central de dados. Essa condição é necessária para que a carga de processamento seja mais bem distribuída e para que se produzam cópias de segurança, extremamente necessárias, caso ocorra algum desastre.

> **Preste atenção!**
> A combinação de diversas arquiteturas será uma ação que irá corroborar para que os requisitos de armazenamento de dados sejam satisfeitos.

São cinco os elementos essenciais para a funcionalidade básica de um *data center* segundo Somasundaram, Shrivastava e EMC Education Services (2011, p. 32-33).

- **Aplicativo**: Trata-se de um programa de computador que fornece a lógica das operações computacionais. Os aplicativos, como um sistema de processamento de ordem, podem ser colocados em camadas em um banco de dados, que, por sua vez, usa os serviços de um sistema operacional para executar operações de leitura/gravação em dispositivos de armazenamento.
- **Banco de dados**: De modo geral, um sistema de gerenciamento de bancos de dados (SGBD) fornece uma forma estruturada de armazenamento de dados na forma de tabelas lógicas que são inter-relacionadas. Um SGBD otimiza o armazenamento e a recuperação dos dados.
- **Servidor e sistema operacional**: Caracteriza-se por ser plataforma computacional que executa aplicativos e bancos de dados.
- **Rede**: Refere-se a um caminho de dados que facilita a comunicação entre os clientes e os servidores ou entre os servidores e o armazenamento.
- *Storage array*: Trata-se de um dispositivo que armazena dados de forma persistente para uso posterior.

Normalmente, esses elementos são visualizados e gerenciados de forma separada. Entretanto, é imprescindível que todos trabalhem juntos para atender de forma adequada a todos os requisitos necessários ao processamento de dados.

Na Figura 1.4, reproduzimos um exemplo que envolve os cinco elementos básicos empregados em um *data center* de sistema de processamento de pedidos e ilustra sua funcionalidade em um processo de negócio.

Figura 1.4 – Exemplo de sistema de processamento de pedidos

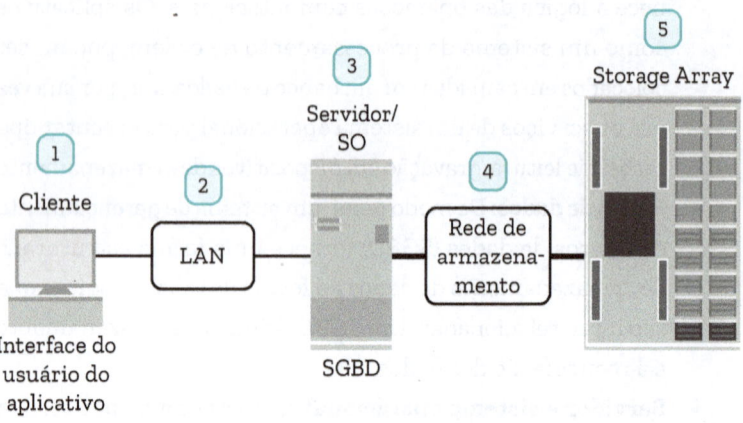

[1] Um cliente faz um pedido através de IUA [Image Understanding Architecture] do software de processamento de pedidos, localizado no computador do cliente.

[2] O cliente se conecta com o servidor através de LAN e acessa o SGBD localizado no servidor para atualizar as informações relevantes como o nome do cliente, endereço, forma de pagamento, produtos pedidos e quantidade encomendada.

[3] O SGBD usa o sistema operacional do servidor para ler e gravar estes dados no banco de dados localizado nos discos físicos do storage array.

[4] A rede de armazenamento estabelece a comunicação entre o servidor e o storage array e transporta os comandos de leitura ou gravação entre eles.

[5] O storage array, após receber os comandos de leitura e gravação, executa as operações necessárias para armazenar os dados em discos físicos.

Fonte: Somasundaram; Shrivastava; EMC Education Services, 2011, p. 33.

Para que os *data centers* funcionem de forma ininterrupta e sirvam às organizações em suas necessidades, alguns requisitos têm de ser observados. Em primeiro lugar, uma infraestrutura confiável é primordial. É ela que permitirá a disponibilização frequente dos dados. Mas há outros sete elementos usualmente aplicáveis às infraestruturas de *data center*. Esses elementos podem ser visualizados na Figura 1.5.

Figura 1.5 – Características-chave dos elementos dos *data centers*

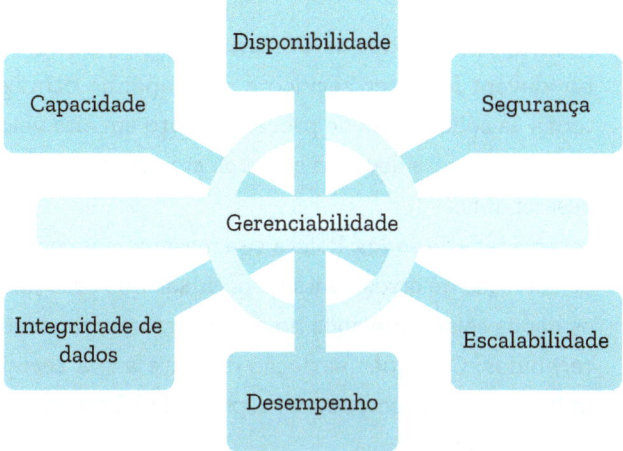

Fonte: Somasundaram; Shrivastava; EMC Education Services, 2011, p. 34.

Somasundaram, Shrivastava e EMC Education Services (2011, p. 34-35) especificam cada um desses elementos:

- **Disponibilidade**: Todos os elementos dos data centers devem ser projetados para garantir a acessibilidade. A empresa poderá sofrer um forte efeito negativo caso os usuários tenham dificuldade em acessar os dados.
- **Segurança**: Devem ser estabelecidas políticas, procedimentos e integração apropriados dos elementos principais do data center que impedirão o acesso não autorizado às informações. Além das medidas de segurança de acesso dos clientes, mecanismos específicos devem permitir aos servidores acessar apenas seus recursos alocados em storage arrays.
- **Escalabilidade**: As operações do data center devem alocar recursos para processamento ou armazenamento adicionais sob demanda, sem interromper as operações de negócio. O crescimento da empresa muitas vezes requer a instalação de mais servidores, novos aplicativos e bancos de dados

extras. A solução de armazenamento deve crescer junto com a empresa.
- **Desempenho**: Todos os elementos principais do data center devem fornecer serviço e desempenho otimizados a todas as solicitações de processamento em alta velocidade. A infraestrutura deve ser capaz de atender aos requisitos de desempenho.
- **Integridade de dados**: Refere-se a mecanismos como códigos de correção de erros e bits de paridade que asseguram que os dados sejam gravados no disco exatamente como foram recebidos. Qualquer variação durante a sua recuperação indica que estão corrompidos, podendo afetar as operações da organização.
- **Capacidade**: Operações nos data centers requerem recursos adequados para armazenar e processar grandes quantidades de dados de forma eficiente. Quando os requisitos de capacidade aumentam, a central de dados deve ser capaz de fornecer capacidade adicional sem interromper a disponibilidade ou, pelo menos, com uma interrupção mínima. A capacidade pode ser gerenciada realocando recursos existentes, em vez de adicionar novos recursos.
- **Gerenciabilidade**: Um data center deve executar todas as operações e atividades da maneira mais eficiente. Gerenciabilidade pode ser obtida com a automação e redução de intervenção humana (manual) nas tarefas comuns.

Além dessas características-chave dos *data centers*, de acordo com Kolbe Júnior (2017, p. 171),

> A segurança da informação consiste em minimizar ao máximo a invasão e perda de informações que são estratégicas para o negócio da empresa, garantindo, dentro das possibilidades, que a informação seja acessada somente por pessoas autorizadas e

assegurando também a disponibilidade, confiabilidade e autenticidade da informação.

Se considerarmos uma infraestrutura de armazenamento eficiente em um *data center* moderno, certamente acrescentaremos alguns elementos. Algumas dessas tarefas, de acordo com Somasundaram, Shrivastava e EMC Education Services (2011), são o monitoramento, a geração de relatórios e o provisionamento.

- O **monitoramento** é a combinação da coleta contínua de informações e revisões constantes da infraestrutura inteira que compõem o *data center*. As principais condições para que ele seja monitorado de forma eficiente incluem segurança, desempenho, acessibilidade e capacidade.
- A **geração de relatórios** deve ser periódica e constante, com base na capacidade, no desempenho e na utilização consciente dos recursos. Aquelas tarefas relacionadas aos relatórios podem auxiliar muito no estabelecimento das justificativas do negócio e do sempre esperado retorno dos custos, que estão associados às operações que envolvem o *data center*.
- O **provisionamento** é o processo que envolve as ações de fornecer *hardware*, *software* e todos os outros recursos necessários para o funcionamento do *data center*. O planejamento de capacidade e recursos a serem utilizados passa a ser a principal atividade envolvida. Se o planejamento de capacidade for bem executado, são asseguradas as necessidades futuras dos usuários. Assim, as necessidades de utilização do aplicativo podem ser contempladas de maneira mais controlada e eficaz, principalmente quando custos estão envolvidos.

> **Importante!**
>
> "O **planejamento de recursos** é o processo de avaliação e de identificação dos recursos necessários, como pessoal, instalações (local) e tecnologia. Este planejamento garante que os recursos adequados estarão disponibilizados para atender aos requisitos dos usuários e dos aplicativos" (Somasundaram; Shrivastava; EMC Education Services, 2011, p. 35).

Tendo esclarecido essas tarefas, citamos um exemplo prático apresentado pelos referidos autores: o monitoramento da utilização da capacidade de armazenamento alocado de um aplicativo. Nesse caso, pode ser fornecida uma capacidade adicional de armazenamento quando atingido um valor crítico de utilização pelo aplicativo. Com o monitoramento adequado e a informação correta da capacidade de armazenamento, é mais fácil acompanhar o crescimento do negócio, prevendo-se requisitos de capacidade no futuro, com auxílio nas políticas de gerenciamento de dados de forma proativa.

Estamos chegando ao final deste capítulo, porém ainda temos um tema em aberto. Afinal, não adianta ter uma estrutura de armazenamento bem delineada, se não se souber armazenar os dados. A seção a seguir é dedicada a esse assunto.

1.4 Armazenamento de dados

Após a fase inicial, há uma tendência de o profissional sentir certo descrédito com o resultado do próprio trabalho, achando que podia tê-lo feito melhor. É uma condição natural e, felizmente, passageira. Isso se deve ao fato de que o volume de dados é elevado e sofre em progressão geométrica com o processo de defasagem dos conhecimentos. Acontece, assim, a criação de um nível de obsolescência incontornável diante da velocidade de evolução tecnológica. Em muitos casos, certa atividade é renomeada ou designada a outro profissional, levando-se em consideração um elevado nível de especialização pontual.

Toda especialização demanda tempo e determinação e, em muitos casos, há a necessidade de se aprender as coisas fazendo-as, pois só assim o processo alcança continuidade. Nesse contexto, há métodos e tecnologias a serem aprendidas. Entre eles, está o *data warehousing*, método que serve para armazenar informações em bancos ou mesmo para criar um "depósito de dados digitais". A presença desse elemento na estrutura de tecnologia da informação é de grande importância, em razão de seu desempenho como gerador de novos conhecimentos, representando um apoio para decisões estratégicas e gerenciais.

O problema aqui está em dois aspectos fundamentais. O primeiro diz respeito à escolha da estruturação física da base de dados, que deve estar apoiada em um elevado nível de flexibilidade e capacidade de ser interoperacional, com funcionalidade em diversos sistemas operacionais e com outros *softwares* disponíveis na instalação.

O segundo aspecto, importantíssimo, diz respeito à escolha da estruturação de chaves e combinação de tabelas planas, de forma que possam ser escolhidas e desenvolvidas pesquisas por múltiplas chaves de acesso nas atividades de pesquisa de dados (*data query*).

O barateamento do custo de *byte* armazenado deixa de lado uma das maiores preocupações que tinham os projetistas: a economia de espaço, trocada na atualidade pela aceitação de uma redundância projetada e programada no sentido de beneficiar a rapidez no acesso.

Esse armazenamento de dados e informações cria novas situações que instigam e desafiam as organizações a atuar mais fortemente nos quesitos de gerenciamento das informações.

Para saber mais

Consulte as páginas indicadas a seguir para aprofundar seus conhecimentos sobre os conceitos apresentados neste capítulo:

CANAL CONSTOR-AMERICAS. **O que é um data center**. Disponível em: <https://blogbrasil.comstor.com/bid/334188/o-que-um-data-center>. Acesso em: 12 nov. 2019.

CCM. **ILM (Information LifeCycle Management)**. Disponível em: <https://br.ccm.net/contents/213-ilm-information-life cycle-management>. Acesso em: 12 nov. 2019.

INFORTREND. **Diferenças entre NAS, DAS e SAN**. Disponível em: <http://www.infortrendbrasil.com.br/dicas/diferencas-entre-nas-das-e-san/>. Acesso em: 12 nov. 2019.

SOFTLINE. **Armazenamento de dados**: entenda a importância para a sua empresa! Disponível em: <https://brasil.softlinegroup.com/sobre-a-empresa/blog/armazenamento-de-dados-entenda-a-importancia-para-a-sua-empresa>. Acesso em: 12 nov. 2019.

Síntese

Neste capítulo, descrevemos a importância de dados, informação e infraestrutura de armazenamento. Citamos os tipos de dados e especificamos os requisitos de gerenciamento de um sistema de armazenamento. Também enfatizamos a importância da estratégia de ILM, que permite às organizações obter vantagens competitivas, classificando, protegendo e potencializando as informações.

Explicitamos a estrutura de proteção do armazenamento, projetada de forma a atenuar as constantes ameaças à segurança que podem surgir. Descrevemos implementações básicas de segurança de armazenamento, como a arquitetura de segurança e mecanismos de proteção em SAN, NAS e IP-SAN.

Explicamos como ocorre a evolução constante das tecnologias que englobam as arquiteturas de armazenamento. Por fim, a lista dos elementos principais de um *data center* auxiliaram no entendimento sobre o armazenamento de informações.

Questões para revisão

1. Os dados são fundamentais para as pessoas e organizações e podem ser classificados, com base na forma em que são armazenados e gerenciados, como dados estruturados ou não estruturados. Sobre esse assunto, assinale com V as afirmativas verdadeiras e F as falsas:
   ( ) Arquivos em formato digital, como os PDFs, são considerados dados não estruturados.
   ( ) Mensagens de *e-mail* são consideradas dados estruturados.
   ( ) Dados dispostos em colunas, em um formato definido e colocados de forma rígida, para que os aplicativos sejam recuperados e processados são considerados dados estruturados.
   ( ) Notas autoadesivas e cartões de apresentação são considerados dados estruturados.
   a) V, V, V, V.
   b) V, F, V, F.
   c) V, V, V, F.
   d) F, V, V, V.
   e) F, F, V, V.

2. Para que a ocorra disponibilização frequente dos dados, é necessária uma infraestrutura confiável. Alguns requisitos devem ser observados para que os *data centers* funcionem de forma ininterrupta. Quais são esses requisitos?
   a) Disponibilidade, segurança, *datamining*, velocidade, integridade de dados, capacidade e gerenciabilidade.

b) Disponibilidade, assiduidade, rentabilidade, causalidade, integridade de dados, capacidade e gerenciabilidade.
c) Disponibilidade, segurança, escalabilidade, desempenho, integridade de dados, capacidade e gerenciabilidade.
d) Disponibilidade, estabilidade, escalabilidade, velocidade, integridade de dados, capacidade e gerenciabilidade.
e) Disponibilidade, assiduidade, gerenciabilidade, causalidade, segurança e rentabilidade.

3. A quantidade de informações tem se expandido de forma exponencial, o que faz aumentar as exigências de segurança. Assim, a duplicação de dados se faz necessária e, com isso, ocorre um grande aumento no crescimento do armazenamento dos dados. Com base nesse texto e nos conteúdos estudados, assinale a alternativa correta:
   a) O valor da informação está totalmente ligado às leis de mercado.
   b) Algumas informações nunca se tornarão obsoletas ou sem importância no futuro.
   c) As informações não têm seu valor alterado com o decorrer do tempo.
   d) As empresas e as instituições não se preocupam com a preservação digital e a proteção de dados.
   e) As informações são os dados brutos que são analisados e transformados em dados.

4. Há cinco elementos essenciais para a funcionalidade básica de um *data center*. Considerando esses elementos, descreva o que vem a ser "aplicativo".

5. De acordo com Somasundaram, Shrivastava e EMC Education Services (2011, p. 35-36), quando pensarmos em uma infraestrutura de armazenamento eficiente em um *data center* moderno, algumas tarefas são necessárias. Tomando-as como base, descreva como ocorre o "monitoramento".

Questão para reflexão

1. Uma organização de grande porte pretende analisar uma infraestrutura de armazenamento que, além de ser escalável, forneça alta disponibilidade. Ela precisa também de desempenho satisfatório para seus aplicativos de missão crítica. A organização deveria utilizar qual topologia de armazenamento: SAN, NAS, IP-SAN? Por quê?

2 DESAFIOS NO GERENCIAMENTO DE INFORMAÇÕES

Conteúdos do capítulo
- Desafios no gerenciamento de informações.
- Preservação digital e proteção de dados.
- Utilização de fontes abertas na segurança da informação.

Após o estudo deste capítulo, você será capaz de:
1. identificar os desafios enfrentados na área e gerenciar as informações nesse cenário;
2. analisar os principais desafios na preservação digital e proteger os dados;
3. utilizar fontes abertas na segurança da informação.

Os desafios do gerenciamento e da proteção de dados crescem substancialmente à medida que as informações vão ficando cada vez mais relevantes para as organizações. Por isso, é recomendado que as organizações criem estratégias que auxiliem numa classificação de acordo com o valor que os dados têm durante o seu ciclo de vida. Isso pode gerar vantagens operacionais e gerenciais para as organizações.

São inúmeros os desafios enfrentados pelas organizações. No gerenciamento de informações, há a necessidade de se planejar uma política eficaz. Para isso, as organizações devem levar em consideração que o universo digital está em franco crescimento e que o volume de informações se expande de forma exponencial. Com as exigências de segurança, a duplicação de dados se faz necessária, o que cria ainda mais demandas de armazenamento dos dados.

Neste capítulo, versaremos, então, sobre esses desafios e sobre o gerenciamento de informações adequado. Também trataremos da preservação digital e da proteção de dados. Por fim, refletiremos sobre a utilização de fontes abertas na segurança da informação.

2.1 Unidades de medida no gerenciamento de informações

Sempre que se faz referência ao gerenciamento de informações, é essencial considerar a imensa massa de dados envolvidos. Para mensurar esse volume, partimos dos seguintes números: 1 *bit*, em inglês *binary digit*, é conhecido como a menor unidade de informação, que pode ser armazenada ou transmitida, utilizada na computação. Um conjunto de 8 *bits* equivale a 1 *byte*, que representa as letras, maiúsculas e minúsculas, os números, os sinais de pontuação, os acentos, os caracteres especiais que podem ser enviados pelo teclado ou por outro dispositivo de entrada. Para facilitar a indicação das unidades de medida dos dados, são considerados os múltiplos da unidade *byte*, *kilobyte* (kB), *megabyte* (MB), *gigabyte* (GB), *terabyte* (TB), *petabyte* (PB), *exabyte* (EB), *zettabyte* (ZB) e *yottabyte* (YB).

Para que se tenha noção da equivalência dessas medidas, é possível pensar que 1 *gigabyte* é quantidade de dados armazenados em um CD e meio; 1 *petabyte* equivaleria aos dados correspondentes a tudo o que a humanidade escreveu na história em todas as línguas (Quanto vale..., 2011); e 1 *yottabyte* é uma quantidade de dados maior que o equivalente a todas as palavras do mundo (Hamann, 2011).

Esses exemplos permitem vislumbrar a quantidade de dados que são vitais para as organizações. Nesse sentido, implementar sistemas ou mesmo tecnologias sem saber se realmente isso vai auxiliar a empresa deve ser evitado.

As organizações dependem cada vez mais das informações. O uso estratégico das informações tem sido importante, pois esse papel será determinante no sucesso organizacional, fornecendo vantagem competitiva em um mercado sempre disputado.

Kolbe Júnior (2017, p. 75) afirma que a informação "é um recurso que tem algumas características intangíveis" e acrescenta que seu valor equivale ao impacto que pode causar nos negócios. O valor da informação está totalmente ligado às leis de mercado, dependendo do quanto se está disposto a pagar por ela. Algumas informações atualmente valiosas podem se tornar obsoletas ou perder importância no futuro, ou seja, seu valor pode variar com o decorrer do tempo.

Essa realidade demanda uma política que envolva a compreensão de seu valor durante seu ciclo de vida. Seja nas empresas, seja nas instituições de ensino, o foco está voltado para a preservação digital e a proteção de dados, assunto da próxima seção.

2.2 Preservação digital e proteção de dados: RAID

Provavelmente, a preservação digital ocupe maior parte do interesse da ciência arquivística. Esses estudos e trabalhos são desenvolvidos com frequência no ambiente acadêmico, o que revela a importância do tema. Interessa-nos, então, abordar as orientações básicas para a preservação digital e tratar da cadeia de custódia, que confere aos documentos e arquivos o *status* de participantes de repositórios de documentos confiáveis.

Na década de 1980, com o advento dos computadores pessoais e das tecnologias de redes locais (LAN – *local area network*), iniciou-se uma nova era da computação. Nessa fase, os computadores tornaram-se mais acessíveis para pequenas e médias empresas. Esse fenômeno estimulou o surgimento de novos aplicativos e bancos de dados, aumentando de forma significativa a demanda por capacidade de armazenamento – na maioria das vezes os discos rígidos.

> **Preste atenção!**
> Nos idos de 1980, os dados eram armazenados em um único disco, que era muito grande. Por ser caro e único, não atendia os níveis de desempenho exigidos. O material era chamado de *single large expensive drive* (SLED*).

Como qualquer outra mídia, os HDDs (*hard disk drive*) também estão sujeitos a falhas provenientes de desgastes mecânicos e de outros fatores ambientais. Isso pode resultar em perda de dados. Nos anos

---

* O esquema SLED não exige suporte especial de *hardware* ou *software*. No caso de se armazenar mais dados do que o suportado por um único disco, são adicionados mais dispositivos. Os problemas ocorrem, por exemplo, quando há falha em um dos discos, pois todos os dados nele armazenados são perdidos.

1980, as soluções disponíveis eram insuficientes para atender às demandas quanto ao desempenho e à disponibilidade dos aplicativos.

Somasundaram, Shrivastava e EMC Education Services (2011, p. 73) explicam que

> um HDD tem uma expectativa de vida projetada antes que venha a falhar. O *Mean Time Between Failures* (MTBF) mede (em horas) a expectativa média de vida de um HDD. Atualmente, os *data centers* possuem milhares de HDDs nas suas infraestruturas de armazenamento. Quanto maior a quantidade de HDDs que estão em um *storage array*, maior a probabilidade de ele sofrer uma falha de disco. Por exemplo, considere um *storage array* de 100 HDDs, cada um com um MTBF de 750.000 horas. O MTBF desse conjunto de HDDs, portanto, é de 750.000/100, ou 7.500 horas, ou seja, um HDD nesse *storage array* provavelmente falhará pelo menos uma vez em 7.500 horas.

Uma opção para associar diversos dispositivos é a tecnologia RAID (*Redundant Arrays of Inexpensive Discs*). Ao possibilitar o uso de diversos discos, como se fossem um conjunto, fornece proteção aos dados contra as possíveis falhas que ocorrem nos HDDs. Por serem os dados armazenados em múltiplos HDDs, a implementação da tecnologia RAID também favorece o desempenho de *input/output* (entrada/saída) do sistema de armazenamento.

Apesar de a tecnologia RAID ser mais difícil de configurar e requerer suporte especial de *hardware* e *software*, é muito mais segura contra as possíveis falhas internas dos dispositivos. Vale então explicarmos como implementar essa tecnologia.

2.2.1 Implementação de RAID

São dois os tipos de implementação de RAID. O primeiro deles utiliza um **software** com base no *host**, sendo utilizado para fornecer funções de RAID em nível de sistema operacional (SO**) a sua implementação. Ele não utiliza um controlador de *hardware* dedicado que possa gerenciar o *array* RAID.

> **Preste atenção!**
>
> A configuração do RAID via *software* é feita pelo sistema operacional, que precisa ser implementado no próprio núcleo. É possível criar RAIDs via *software* nos sistemas operacionais Apple Mac OS X, Linux, FreeBSD, OpenBSD e no Microsoft Windows (versão *server*). Alternativamente, eles podem ser criados com algum *software* especialmente dedicado à manutenção de discos rígidos do fabricante da placa-mãe (quando há suporte para RAID, é claro).

Expliquemos melhor: quando o RAID é implementado via *software*, o SO gerencia o RAID por meio da controladora de discos***, sem a necessidade de um controlador. Nesse tipo de implementação, todo o processamento necessário para o gerenciamento do RAID é feito pela unidade central de processamento (CPU). Toda movimentação de dados (leitura e escrita) é feita por uma camada de *software* que faz a abstração entre a operação lógica (RAID) e os discos físicos, além

---

* Um *host* pode ser qualquer computador conectado a uma rede, que tem número de IP e nome definidos. Esses computadores são aqueles que oferecem diversos recursos, informações e serviços aos usuários.

** O SO é o sistema que realiza a comunicação entre o *hardware* e os *softwares* instalados, criando uma plataforma comum a todos os programas utilizados.

*** Essa controladora de discos pode estar no próprio sistema, Windows, Linux etc. ou em um *chip* no computador (como na placa-mãe ou alguma outra placa).

de ser controlada pelo sistema operacional, tornando-se, assim, uma alternativa mais barata.

Já quando a tecnologia RAID é implementada por *hardware*, um controlador de *hardware* especializado é implantado no *host* ou mesmo no *array*, variando na forma da interação do *storage array* com o *host*.

Os benefícios como simplicidade e custos encontrados nas implementações de RAID por *software*, ao serem comparadas com RAID por *hardware*, apresentam algumas limitações, por exemplo: o desempenho geral do sistemaé afetado; nem todos os níveis de RAID são suportados; e a compatibilidade com SO do RAID por *software* está ligado pelo SO do *host*, causando a inflexibilidade no ambiente de processamento de dados (Somasundaram; Shrivastava; EMC Education Services, 2011).

O que também pode acontecer é a implementação de um cartão controlador RAID no *host*, conectando os HDDs a ele. Também são integrados pelos fabricantes controladores RAID em placas-mãe, reduzindo o custo geral do sistema. "O controlador RAID externo é um RAID por *hardware* baseado no *array*, que vai atuar como interface entre o *host* e os discos. O controlador RAID apresenta volumes de armazenamento para o *host*, que vai gerenciar os respectivos *drives* utilizando-se do protocolo suportado" (Somasundaram; Shrivastava; EMC Education Services, 2011, p. 74).

São três as funções-chave do controlador, segundo os referidos autores:

- Gerenciamento e controle de agregações de discos
- Tradução de solicitações de I/O entre discos lógicos e físicos
- Regeneração de dados no caso de falhas de disco

Um *array* RAID é composto de um invólucro com certo número de HDDs, que geralmente ficam em subinvólucros, com suporte ao *hardware* e ao *software* para a implementação RAID (Somasundaram; Shrivastava; EMC Education Services, 2011). Os subinvólucros, também conhecidos como *arrays físicos*, têm um número fixo de HDDs, podendo ser incluídos nele mais *hardwares* de apoio (Somasundaram; Shrivastava; EMC Education Services, 2011). O fornecimento necessário de energia é um exemplo (Somasundaram; Shrivastava; EMC Education Services, 2011). O subconjunto de discos que está localizado em um *array* RAID pode ser agrupado para que possa formar associações lógicas, que são chamados de *arrays lógicos*, conhecidas como um conjunto RAID ou mesmo um grupo RAID (Somasundaram; Shrivastava; EMC Education Services, 2011), conforme demonstrado na Figura 2.1, a seguir.

Figura 2.1 – Componentes de um *array* RAID

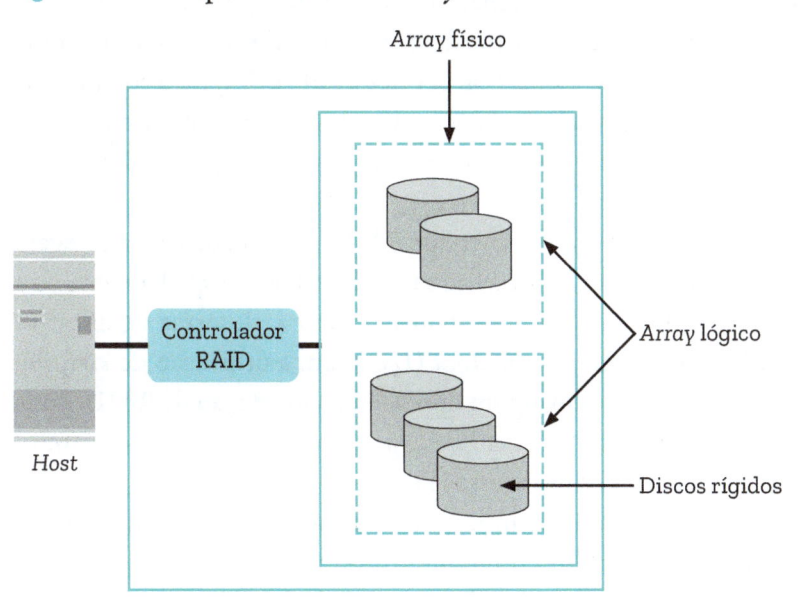

Fonte: Somasundaram; Shrivastava; EMC Education Services, 2011, p. 75.

Os volumes lógicos (LV) compõem os *arrays* lógicos e são reconhecidos pelo sistema operacional como se fossem HDDs físicos, gerenciados pelo controlador RAID (Somasundaram; Shrivastava; EMC Education Services, 2011). O número de HDDs que compõem um *array* lógico depende do nível de RAID utilizado (Somasundaram; Shrivastava; EMC Education Services, 2011). As configurações variam ao ponto de um *array* lógico ser composto de múltiplos *arrays* físicos ou mesmo um *array* físico composto de múltiplos *array* lógicos (Somasundaram; Shrivastava; EMC Education Services, 2011).

Para falarmos sobre os níveis de RAID, precisamos compreender que eles são definidos com base em técnicas de *striping*, espelhamento e paridade. Vale explicitarmos o que significa cada um desses termos para, na sequência, avaliarmos melhor esses níveis (Somasundaram; Shrivastava; EMC Education Services, 2011).

Já informamos que um conjunto RAID é a composição de um grupo de discos. *Strips* é um número predeterminado de blocos de discos endereçáveis continuamente dentro de cada disco (Somasundaram; Shrivastava; EMC Education Services, 2011). *Stripe* é o conjunto de *strips* devidamente alinhados e espalhados por todos os discos dentro do conjunto RAID (Somasundaram; Shrivastava; EMC Education Services, 2011).

É muito importante saber que RAIDs fracionados não protegem os dados de forma efetiva, a não ser que seja feito o espelhamento ou a paridade. De qualquer modo, podem melhorar de forma significativa o desempenho do *input/output* (I/O) com a utilização do **striping**. Conforme o caso, em algum tipo de implementação de RAID, pode se configurar o controlador RAID para que se consiga acessar, simultaneamente, dados de diversos HDDs.

O **espelhamento** é uma técnica em que os dados são armazenados em dois HDDs diferentes, produzindo-se duas cópias dos dados (Somasundaram; Shrivastava; EMC Education Services, 2011). Caso ocorra uma falha no HDD 1, que esteja espelhado no HDD 2, os dados permanecerão intactos nesse segundo dispositivo (Somasundaram; Shrivastava; EMC Education Services, 2011). Eles serão acessados pelo controlador, que continuará atendendo às solicitações de dados do *host*, sem que isso cause prejuízos nos dados da organização (Somasundaram; Shrivastava; EMC Education Services, 2011). Registre-se que, quando substitui o disco com defeito, o controlador copia os dados do HDD 2.

Em casos como esse, uma recuperação mais rápida é permitida logo após a ocorrência de uma falha no disco, proporcionando a redundância completa dos dados. Entretanto, o espelhamento só fornece proteção aos dados, não substituindo em hipótese nenhuma a cópia de segurança. Em outras palavras, o espelhamento captura constantemente todas as alterações que ocorrem nos dados, e, em determinado instante, uma cópia de segurança captura a imagem desses dados.

Deve estar claro que, quando se faz a duplicação dos dados, o espelhamento demanda a duplicação da capacidade de armazenamento; isso o torna custoso, mas de fundamental importância para ser utilizado em aplicativos que podem em algum momento sofrer perda de dados. Uma das grandes vantagens do espelhamento, além da segurança, é a melhoria significativa do desempenho na leitura dos dados, porque essa solicitação é atendida pelos dois discos utilizados. Em contrapartida, quando ocorre a gravação dos dados, sofre exatamente por necessitar gravar os dados em ambos os discos, ou seja, o espelhamento não proporciona o mesmo grau de desempenho que é conseguido pela gravação que um RAID fracionado.

A **paridade** é a regra que garante igualdade de tratamento entre grupos distintos (Somasundaram; Shrivastava; EMC Education Services, 2011). Explicando tecnicamente, o esquema de paridade é um método de proteção em que os dados são divididos em pequenos blocos; cada um desses blocos recebe um *bit* adicional, **o *bit* de paridade**, atendendo à seguinte regra: quando a quantidade de *bits* "1" do bloco é par, seu *bit* de paridade é "0"; quando a quantidade de *bits* "1" é ímpar, o *bit* de paridade é "1". Alecrim (2013) cita um exemplo desse processo:

> Imagine um bloco de dados com os bits '110X' e paridade '1'. O X indica um bit perdido, mas será que ele é '0' ou '1'? Como a

paridade é '1', significa que o bloco é composto por quantidade ímpar de bits '1'. Logo, se X fosse '0', a paridade também deveria ser '0', pois ali existiria quantidade par de bits '1'. Isso significa que o bit X só pode ser '1'.

Agora que esclarecemos quais são as modalidades que determinam as características de desempenho de um *array*, podemos tratar dos níveis de RAID. Enquanto alguns empregam determinada técnica, outros usam uma combinação delas. O que interfere na seleção do nível de RAID a ser utilizado são os requisitos de desempenho do aplicativo, bem como a disponibilidade de dados a ser trabalhada (Quadro 2.1).

Quadro 2.1 – Níveis de RAID

Níveis	Descrição breve
RAID 0	Array fracionado sem tolerância a falhas
RAID 1	Espelhamento de disco
RAID 3	Acesso paralelo com disco dedicado de paridade
RAID 4	Array fracionado com discos independentes e disco dedicado de paridade RAID 5
RAID 5	Array fracionado com discos independentes e disco distribuído de paridade RAID 6
RAID 6	Array fracionado com discos independentes e disco dual de paridade Aninhado
Aninhado	Combinações de níveis de RAID. Exemplo: RAID 1 + RAID 0

Fonte: Somasundaram; Shrivastava; EMC Education Services, 2011, p. 79.

2.2.2 Orientações

A sociedade pós-moderna lida com uma enorme quantidade de informações e testemunha as contínuas mudanças e melhorias das tecnologias de informação e comunicação (TIC). Esse avanço exige a preservação da informação digital, que tem fornecido crescimento social e cultural porque propicia, a diversos grupos, a perspectiva de acesso à informação e ao conhecimento, provocando alterações na cultura das organizações e das pessoas (Grácio; Fadel; Valentim, 2013).

No conjunto, as pessoas estão postas em um espaço cada vez mais dependente de informação digital. Entretanto, como qualquer nova tecnologia, existem dificuldades e desafios a serem enfrentados. Entre eles, relacionamos(Grácio; Fadel; Valentim, 2013):

- transformações e melhorias profundamente imediatas, no que toca às tecnologias de acesso à informação digital;
- possibilidade de os indivíduos e as organizações compreenderem essas alterações;
- obsolescência de *hardware* e *software*, que, de acordo com Chapman (2001, citado por Grácio; Fadel; Valentim, 2013, p. 112), é a nêmese "da preservação digital, ou seja, sua pior inimiga";
- crescimento da quantidade de informação guardada em meio digital;
- alterações no formato dos documentos e das mídias de armazenamento;
- valor alto das novas tecnologias.

Importante!

Os recursos humanos são imprescindíveis, bem como o *hardware* e o *software* de armazenamento e de comunicação. Eles trabalham a informação digital e a disponibilizam para pesquisa e recuperação, considerando as alterações resultantes da obsolescência e das melhorias das TIC (Grácio; Fadel; Valentim, 2013).

Uma organização que tenha quantidade importante de informação em formato digital passa por muitas das dificuldades e dos desafios que comentamos até este ponto. O conhecimento produzido nas organizações consiste em um conjunto fundamental de informações que representa o perfil científico, bem como sua visibilidade nacional e internacional. Por esses motivos, nas organizações, a preservação digital é extremamente necessária porque, nesse meio, é preciso dar conta do aumento substancial do número de documentos em meio digital.

A **preservação digital** é um processo de gestão organizacional que envolve muitas ações fundamentais para assegurar que um objeto digital seja acessado, recuperado e utilizado no futuro. Isso é feito mediante as TIC, que garantem a autenticidade, ou seja, dão a segurança de que o objeto digital é autêntico, representando o conteúdo original de sua criação/produção. Pelas propriedades "da informação digital, a preservação digital envolve questões técnicas, culturais, legais, econômicas e administrativas e todas devem integrar a preservação física, lógica e intelectual dos objetos digitais" (Grácio; Fadel; Valentim, 2013, p. 113-114). Por essa razão, é preciso ter uma política específica para isso.

> **Importante!**
>
> O conhecimento por parte do ser só é possível se forem considerados os princípios e os valores que possibilitam a percepção da importância da preservação digital a partir de sua produção. Para tanto, é fundamental que a instituição constitua uma cultura informacional positiva em relação à preservação digital.

A preservação digital demanda, primeiramente, uma alteração dos princípios da cultura organizacional de uma instituição, o que inclui "valores, crenças, ritos, normas e comportamentos" (Grácio; Fadel; Valetim, 2013, p. 114), determinando a consciência da importância da preservação. A esse respeito, Grácio, Fadel e Valentim (2013) assinalam que os aspectos relacionados à preservação digital estão diretamente relacionados à cultura organizacional e às TIC, envolvendo, em sua implantação, alterações significativas nas atividades, nos comportamentos, e na forma com que todos na organização lidam com as TIC. Devem ser capacitadas para as atividades que envolvem à preservação digital, com atenção voltada ao conteúdo, ao devido suporte e a utilização de objetos digitais.

Cultura organizacional é um conjunto de princípios e valores que certo grupo assume como válido, considerando-o um norteador para entendimento, pensamento, sentimento e ação em determinado contexto (Schein, 2001, citado por Grácio; Fadel; Valentim, 2013, p. 114). A cultura informacional é parte da cultura organizacional e envolve os princípios e valores dirigidos à informação e ao conhecimento.

Para se adotar uma política de preservação digital em uma instituição de ensino superior, por exemplo, é importante a compreensão de toda a comunidade e uma transformação da gestão institucional. Isso quer dizer que a instituição tem a obrigação de desenvolver uma cultura orientada à preservação digital, o que inclui os itens que já listamos. De modo geral, a cultura organizacional está associada

> à forma segundo as pessoas e os grupos interagem dentro da instituição, como elas repassam os princípios e valores organizacionais para os novos membros e como a instituição define as responsabilidades e tarefas para o sujeito organizacional no seu cotidiano [...]. Além da relação entre os indivíduos e o contexto interno da instituição, a cultura organizacional também é influenciada pelo ambiente externo, e no caso da preservação digital essa influência é acentuada devido a sua inserção no contexto das mudanças e dos avanços das TIC. (Grácio; Fadel; Valentim, 2013, p. 114)

Quando abordamos a cultura informacional no ambiente da preservação digital, temos claro que ela

> requer um comportamento e uma atitude, por parte dos indivíduos, que abrangem desde a produção até o descarte do objeto

digital. Por isso, a cultura informacional também depende de normas organizacionais formais, que definam as responsabilidades e as tarefas relacionadas à preservação digital. Entre elas, referimos a importância de o autor: a) incluir metadados na geração de um objeto digital; b) gerar um objeto digital em formato compatível com as TIC utilizadas na instituição; c) descrever de forma clara e concisa o conteúdo do objeto digital; d) informar possível validade do objeto digital; e) informar possível validade do objeto digital; entre outras [...]. (Grácio; Fadel; Valentim, 2013, p. 114)

Considerando-se esse contexto, o processo de preservação é de obrigação do produtor de objetos digitais. Para cumprir essa tarefa, determinada nas normas organizacionais, deve sempre ser considerada a influência da cultura informacional da instituição. É essa consolidação que permite que novos integrantes pensem, ajam, entendam e percebam a importância que tem a preservação digital.

Figura 2.2 – Dimensões da preservação digital: política institucional

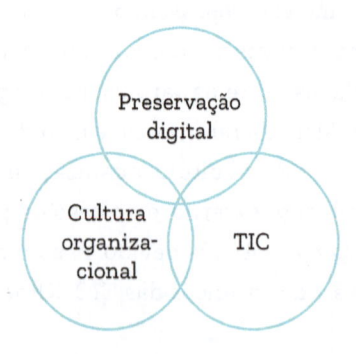

Fonte: Grácio; Fadel; Valentim, 2013, p. 115.

Na Figura 2.2, fica evidenciada a correlação da preservação digital com as TIC e a cultura organizacional. Existem dificuldades, particularidades e problemas inerentes às três áreas, além de certa complexidade entre elas. O foco, contudo, deve ser a preservação dos objetos digitais, adotando-se uma política institucional para tal.

Grácio, Fadel e Valentim (2013) propõem 15 condições para a efetivação de uma política de preservação digital, classificando-as em três grupos: organizacional, legal e técnico. Observe a Figura 2.3.

Figura 2.3 – Política de preservação digital

Organizacional
- Missão, visão e objetivos institucionais
- Equipe multidisciplinar
- Responsabilidades
- Recursos financeiros
- Atos administrativos

Legal
- Legislação vigente
- Direitos autorais

Técnico
- Modelos, padrões e iniciativas
- Infraestrutura tecnológica
- Repositórios institucionais
- Seleção e descarte
- Estratégias de preservação
- Autenticidade
- Metadados
- Suporte digital

Fonte: Grácio; Fadel; Valentim, 2013, p. 116.

Na figura, verificamos que esses grupos, apesar de suas peculiaridades, estão associados; daí a razão para os dados serem tratados em conjunto na tarefa de definir as políticas e a gestão da preservação digital. A abrangência de uma política de preservação digital deve recair sobre os 15 aspectos elencados, considerando-se critérios e objetivos em conjunto com os procedimentos e normas; todos eles devem ser amplamente divulgados na organização (Grácio; Fadel; Valentim, 2013).

> **Importante!**
> O envolvimento de profissionais de diferentes áreas é fundamental para que a preservação digital atenda aos objetivos institucionais.

A assimilação de uma cultura que envolva a preservação digital pelos integrantes de uma organização ultrapassa o conhecimento de alguns quesitos organizacionais, legais e técnicos. A organização deve implantar programas que promovam a preservação digital, bem como proporcionar capacitação de seus colaboradores, por meio de palestras, cursos, reuniões etc. (Grácio; Fadel; Valentim, 2013).

Como demonstramos, são imensos os desafios que envolvem a proteção de dados. Por isso, a demora em se estabelecer uma política de preservação digital amplia a possibilidade de perdas irreversíveis nas questões de documentos da organização.

2.2.3 Cadeia de custódia

A legislação arquivística é considerada complexa e confusa para muitos usuários. No entanto, viu-se nascer uma visão minimalista que apontou a possibilidade de aplicar ao mercado essa proposta. Assim, a arquivística saiu do reduto das empresas públicas e tomou assento nas preocupações dos profissionais de empresas privadas. A obrigatoriedade do registro de informações passou a ser de interesse público, gerando trabalho interno.

Mas para conseguirmos apresentar esse trinômio de sistemas de informação, no entanto, é preciso esclarecer um conceito importante: cadeia de custódia. Segundo Flores (2016, p. 41),

> a cadeia de custódia representa um conceito jurídico de guarda, de proteção, principalmente pela complexidade, especificidade e fragilidade dos documentos digitais, então é fundamental e

complementar à cadeia de preservação, que está focada nas atividades de produção, manutenção e avaliação e preservação digital em todo o ciclo de vida.

É nessa visão que está a proposta de apresentar um exemplo elucidativo do tema tratado nesta obra e que está de acordo com o Open Archival Information Systems (OAIS), que pode ser visualizado na Figura 2.4.

Figura 2.4 – Modelo da cadeia de custódia de documentos digitais seguindo o modelo OAIS

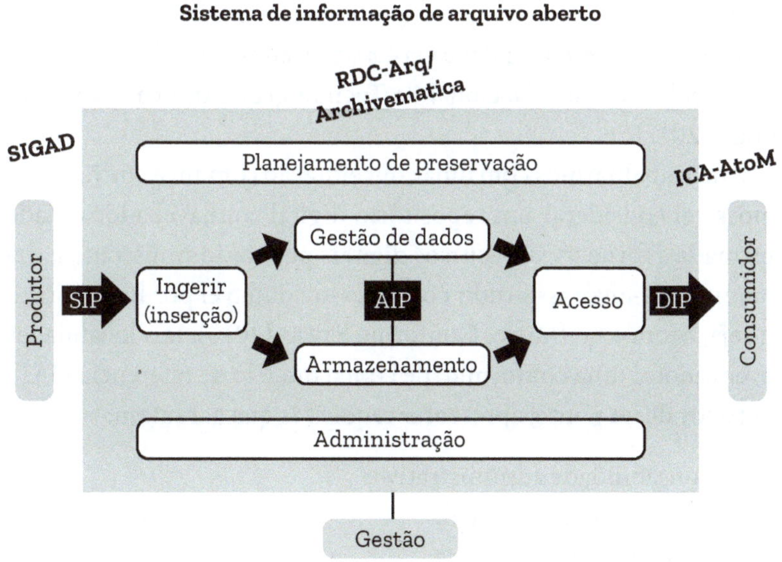

Sistema de informação de arquivo aberto

RDC-Arq/ Archivematica

SIGAD

ICA-AtoM

Produtor → SIP → Ingerir (inserção) → Gestão de dados / Armazenamento → AIP → Acesso → DIP → Consumidor

Planejamento de preservação

Administração

Gestão

Fonte: Flores, 2016.

Na próxima seção, citaremos alguns sistemas que servem para auxiliar na integração entre os diversos sistemas de informações utilizados por empresas públicas e privadas. São sistemas de média e alta complexidade e que geram alto volume de trabalho e a montagem de estruturas organizacionais especialmente voltadas para o trato da proposta de integração da arquivística com os sistemas de informação. Tais atividades permitem apresentar resultados confiáveis na proposta de estabelecimento de uma cadeia de custódia, com a visão específica de preservação dos documentos.

2.2.4 Repositório de documentos confiáveis (RDC)

Dada a importância do processo de digitalização, os repositórios de documentos confiáveis, também denominados *repositórios digitais confiáveis*, têm grande destaque na arquivologia. Segundo Sayão (2010), são locais criados com o propósito de se fazer o armazenamento persistente e, de acordo com um conjunto de responsabilidades, estabelecer confiança e credibilidade via certificação concedida a diferentes órgãos pelo Instituto Nacional da Tecnologia da Informação – ITI (Brasil, 2017).

Para trabalharmos com uma conceituação comum e convergente, é possível considerar um repositório digital confiável a localidade destinada a fornecer os recursos digitais por ele administrado a sua comunidade-alvo; isso tudo com acesso confiável por longo prazo, ou seja, agora e no futuro. Conforme Sayão (2010), tais localidades devem adotar uma conformidade com o modelo de referência OAIS e, a partir desse ponto, apresentar requisitos que garantam:

- responsabilidade administrativa;
- viabilidade organizacional;
- sustentabilidade financeira;
- adequabilidade tecnológica;
- garantia de segurança e;
- responsabilização de procedimentos.

O não atendimento a essas condições pode colocar a perder a significação da criação de repositórios digitais confiáveis. Além desses repositórios, os agentes poderão, de forma lícita, fazer uso de fontes abertas para auxiliar em suas investigações, resguardando as questões de segurança da informação.

2.3 A utilização de fontes abertas na segurança da informação

A sociedade brasileira está vivenciando um cenário de corrupção e violência em proporções assustadoras, o que tem evidenciado o aprimoramento dos profissionais envolvidos em segurança, bem como das instituições policiais. As informações em domínio público têm tido aumento exponencial tanto em sua criação como em sua utilização, principalmente em face da evolução e da utilização massiva das tecnologias de informação e comunicação (TIC). Isso habilita caminhos para que as fontes abertas se tornem um meio inesgotável de conhecimento.

Na atualidade, com a diversidade de fontes e a crescente disponibilidade de dados, as atividades de inteligência têm tido cada vez mais acesso às informações, que, bem processadas e analisadas, proporcionam resultados mais relevantes. Nesse cenário em que coexistem inúmeras fontes de informações, a coleta de dados é um papel de fundamental importância assumido pela Open Source Intelligence (OSINT). "Através dela é possível obter documentos oficiais não restritos, acompanhar a dinâmica econômica, social e política de um país, monitorar as tendências da mídia e as produções técnico-científicas" (Best, 2008).

Cepik (2003, p. 51) define a OSINT como a análise baseada na:

> obtenção legal de documentos oficiais sem restrições de segurança, na observação direta e não clandestina dos aspectos políticos, militares e econômicos da vida interna de outros países ou alvos, do monitoramento da mídia (jornais, rádio e televisão), da aquisição legal de livros e revistas especializadas de caráter

técnico-científico, enfim, de um leque mais ou menos amplo de fontes disponíveis cujo acesso é permitido sem restrições especiais de segurança.

Nesse sentido, "a chamada inteligência de fontes ostensivas, ou OSINT (*open source intelligence*), sempre foi importante para qualquer sistema governamental de inteligência" (Cepik, 2003, p. 51).

É importante salientarmos que são cinco as etapas básicas que compõem o ciclo desse sistema de inteligência. Sem ser uma descrição consensual, o ciclo ou processo de Inteligência proposto por Johnston (2005, p. 46, tradução nossa, grifo do original) reúne as seguintes etapas:

> **Planejamento e direção** abrange a gestão de todo o esforço do processo e envolve, em particular, a determinação dos requisitos de escolha baseados nas solicitações dos clientes. **Coleta** refere-se à coleta de dados brutos com o intuito de atender à demanda pretendida. Esses dados podem ser obtidos de fontes abertas e/ou secretas. **Processamento** refere-se à conversão dos dados brutos em um formato em que os analistas possam usar. **Análise e produção** descreve o processo de avaliação de dados de confiabilidade, validade e relevância, integrando-os e analisando-os, convertendo o produto deste esforço em um todo significativo, que inclui avaliações de eventos e implicações das informações recolhidas. Finalmente, o produto é **disseminado** para seu público-alvo.

Se não forem devidamente filtradas e processadas, essas etapas não têm valor algum como produto de inteligência, devendo se manter o adequado treinamento dos analistas de inteligência para que sejam descobertas fontes adequadas de informações. Moresi et al. (2010,

p. 7) enumeram diversas fontes abertas que podem oferecer informações a serem coletadas:

a. Mídia: jornais, revistas, rádio, televisão e informação baseada em computador;
b. Dados públicos: relatórios do governo, orçamentos públicos, dados demográficos, audiências públicas, debates legislativos, conferências de imprensa, discursos, avisos de segurança marítima e aeronáutica, estatísticas;
c. Profissional e acadêmica: conferências, simpósios, congressos, associações profissionais, trabalhos acadêmicos e especialistas temáticos;

Essas fontes são complementadas por Brito (2006, p. 152-153):

a. "Literatura cinzenta": informações com distribuição limitada, tais como pesquisas científicas e tecnológicas, trabalhos acadêmicos, dentre outros materiais.
b. Observação de terceiros: coleta de informações a partir de pilotos de avião amadores, monitores e observadores de comunicações de rádio, turistas e aventureiros, dentre outros;
c. Comunidades baseadas na Web e conteúdo gerado por usuários individuais: redes sociais, sites de compartilhamento de vídeo, *wikis*, *blogs* e folksonomias;
d. Informações geoespaciais: imagens de satélite, mapas, atlas, dentre outros.

De acordo com Mercado (2007), a internet possibilitou a expansão nas áreas de IMINT (inteligência e imagens) e SIGINT (inteligência de sinais). Assim, as mídias tradicionais que estão disponíveis em fontes abertas complementam esse panorama.

Conforme Mendes, Moresi e Silva (2010, p. 5, citados por Leite, 2014), a internet dissemina inúmeras informações que podem contribuir até mesmo para o combate à corrupção. Ela teria potencial de exercer algum grau de controle social, até mesmo com caráter preventivo sobre os administradores públicos, divulgando as melhores práticas utilizadas na administração de bens e dos recursos públicos. Poderia, assim, agir de maneira repressiva, compartilhando e distribuindo com a polícia judiciária possíveis denúncias graves oriundas de fontes abertas (Leite, 2014). Entretanto, infelizmente, a difusão de diversas informações por meios eletrônicos não é suficiente para coibir atos ilícitos praticados por indivíduos e organizações, havendo, então, a necessidade do apoio de diversos outros instrumentos para auxiliar determinados enfrentamentos.

Nesse contexto, as fontes abertas tornam-se um instrumento crucial para diminuir os efeitos, sempre danosos, da corrupção em nossa sociedade. Entre as inúmeras formas de comunicação existentes, as redes sociais na internet, em suas múltiplas variedades, contemplam o dado, a imagem e principalmente a informação. Logicamente, não podemos desconsiderar o fato de que, para utilizar essas informações, e preciso se certificar do que é verdadeiro. Afinal, o que é colocado na internet e nas redes não passa por um crivo mais apurado e pode resultar em desinformação.

Os resultados do uso de uma fonte aberta podem auxiliar na identificação da estratégia que deve ser utilizada para se obter o dado negado, podendo, de alguma forma, complementar uma informação já conhecida. Isso auxilia na tomada de decisões, direcionando, posicionando e assessorando, nos níveis estratégico, tático e operacional. Trata-se de uma contribuição substancial nas atividades de inteligência.

Preste atenção!

O termo *dado negado* faz referência a "informações não disponibilizadas ao público, ou seja, de acesso restrito ou protegido,

> incluindo-se, nesse último caso, as chamadas 'informações classificadas'" (Leite, 2014, p. 14).

A utilização correta da OSINT, de acordo com os interesses do tomador de decisão e não se excetuando as operações de inteligência, disponibiliza materiais suficientes para a geração de conhecimento. Nesse caso, é necessário analisar os dados e suas origens, confrontando o material com as informações já existentes.

2.3.1 Inteligência na polícia e em outras instituições

As preocupações com a inteligência policial no Brasil, de acordo com Brito (2006, citado por Leite, 2014), são anteriores à inteligência clássica. O autor elenca alguns eventos importantes, destacando a criação da Delegacia Especial de Segurança Política e Social (DESPS), por Getúlio Vargas, em 1933. Posteriormente, em 1944, esse órgão transformou-se na Divisão de Polícia Política e Social (DPS), o qual atuou na vigilância e na repressão de adversários do regime vigente, desde 1964, repassando ao Serviço Nacional de Informações (SNI) essa tarefa (Brito, 2006, citado por Leite 2014).

Vale aprofundarmos o conceito de inteligência policial. O Manual de Inteligência Policial (Brasil, 2011b, p. 6) registra que:

> a atividade de produção e proteção de conhecimentos, exercida por órgão policial, por meio do uso de metodologia própria e de técnicas acessórias, com a finalidade de apoiar o processo decisório deste órgão, quando atuando no nível de assessoramento, ou ainda, de subsidiar a produção de provas penais, quando for necessário o em prego de suas técnicas e metodologias próprias, atuando, neste caso, no nível operacional.

Na Resolução n. 1 da Secretaria Nacional de Segurança Pública, de 15 de julho de 2009 (Brasil, 2009), inteligência policial é definida como:

> o conjunto de ações que empregam técnicas especiais de investigação, visando a confirmar evidências, indícios e a obter conhecimentos sobre a atuação criminosa dissimulada e complexa, bem como a identificação de redes e organizações que atuem no crime, de forma a proporcionar um perfeito entendimento sobre a maneira de agir e operar, ramificações, tendências e alcance de condutas criminosas.

Nota-se, portanto, que esse é um tema bastante controverso, que em alguns momentos se concentra na produção de provas, e em outros se confunde com inteligência de segurança interna *(security intelligence)*, também denominada *inteligência interna ou doméstica*. Esta última está relacionada "com as ameaças internas que comprometem a segurança do Estado, de suas instituições e da sociedade, como subversão, espionagem, violência politicamente motivada por instabilidade econômica, política e social" (Gonçalves, 2010, p. 43). Logo, está atrelado a ações de segurança pública, que é um conceito ainda em construção.

A promulgação da Constituição de 1988 acarretou diversas mudanças nas instituições policiais, principalmente naquelas relacionadas à área de inteligência policial. Se antes elas tinham como escopo interesses políticos, voltaram-se "para o crime organizado, para o contraterrorismo e suas vertentes, como a lavagem de dinheiro, narcotráfico, sonegação fiscal" (Cepik, 2003, citado por Leite, 2014, p. 13). Com isso é que se delinearam os imprecisos limites de atuação dos órgãos, mesclando-se ações de polícia e de analistas de inteligência. Existe uma linha muito tênue entre as investigações criminais e o serviço de inteligência. Entretanto, elas não se confundem. Para marcar essa distinção, Ferro Júnior (2008, p. 9) apresenta o seguinte conceito de inteligência policial:

> atividade que objetiva a obtenção, análise e produção de conhecimentos de interesse da segurança pública no território nacional, sobre fatos e situações de imediata ou potencial influência da criminalidade, atuação de organizações criminosas, controle de delitos sociais, assessorando as ações de polícia judiciária e ostensiva por intermédio da análise, compartilhamento e difusão de informações.

Esse excerto evidencia que a função da inteligência policial não é produzir provas, sendo esse o principal objetivo de uma investigação policial. Entretanto, podem surgir alguns fatos relacionados a supostos crimes na produção de conhecimentos voltados para a área criminal. Nesse caso, não existem obstáculos no compartilhamento das informações colhidas com as unidades de polícia judiciária responsáveis, estando elas sujeitas às limitações de forma e conteúdo estabelecidas pela lei processual penal.

O escopo da atividade de inteligência é produzir conhecimento, obtido pelas "informações, informe, fato ou dado que foi selecionado, avaliado, interpretado e, então, expresso de tal forma que evidencie sua importância para determinado problema" (Platt, 1962).

Apesar da proliferação das TIC e da constante obtenção significativa de dados liberados pelo Estado, o processamento dificilmente ocorre de forma adequada. Por consequência, não há uma análise determinante, o que não permite uma visão ampla sobre o contexto em que o dado está inserido.

As investigações e os processos criminais, bem como as investigações policiais, são fundamentais para o serviço de inteligência policial, pois produzem dados relevantes. Eles podem, de alguma maneira, auxiliar na produção do conhecimento estratégico com potencial de ser direcionado ao estudo e à prevenção do crime. Entretanto, os órgãos de inteligência nem sempre aproveitam esses dados com eficiência.

Lembramos que, como informamos no Capítulo 1, a mera utilização de um grande volume de dados não pode ser caracterizada como atividade de inteligência. Os dados devem ser analisados e trabalhados adequadamente para que gerem informações que sirvam a um estudo de padrão criminal e tendências futuras. Um ambiente propício para a utilização dessas informações, com vistas à maximização dos resultados no combate ao crime, deve incluir parcerias também com o setor privado.

De acordo com Best (2008), as organizações de grande porte, incluindo as multinacionais, têm investido fortemente no desenvolvimento de ferramentas de OSINT, principalmente com as informações originadas na internet de fontes abertas ao público. Isso proporciona à inteligência competitiva experiências que podem auxiliar no combate ao crime. Para que isso ocorra, contudo, é necessário investimento constante no processamento e na análise das informações.

Nesse contexto, não se pode deixar de interagir com órgãos e organizações que dispõem de sistemas de tecnologia mais avançados. É preciso maximizar o uso das fontes abertas, criando procedimentos e padrões próprios, que proporcionem organização e gerem o conhecimento, adotando modelos que se adequem às necessidades funcionais de cada instituição.

Para organizar os serviços de inteligência de segurança nas instituições, é possível se orientar pelas questões listadas por Fregapani (2003, p. 166):

1. Quais são as prioridades da nossa missão?
2. Como poderemos cumprir as nossas missões?
3. Quais os óbices e as ameaças ao cumprimento de nossas missões?

4. Que modificações devem ser feitas nos procedimentos, nos meios e na estrutura para sermos bem-sucedidos nas missões?

As funções da inteligência policial devem ser revistas, assim como suas metas e seus limites. É fundamental o constante aprimoramento dos sistemas de inteligência para que ocorra a potencialização da produção do conhecimento. Só assim haverá a elaboração de formas adequadas e seguras na gestão das informações, visando o cumprimento dos objetivos propostos de forma eficiente.

2.3.2 Aplicação dos conceitos de inteligência

Já empregamos diversas vezes o termo *inteligência* e, até mesmo, abordamos alguns de seus conceitos. Contudo, alguns autores desenvolvem teorias um pouco diferentes do que expusemos até este ponto. Cepik (2003, p. 29), por exemplo, define inteligência como "toda informação coletada, organizada ou analisada para atender às demandas de um tomador de decisões qualquer". Já Moresi et al. (2010, p. 5) apresentam uma definição clássica, citando três aspectos:

- como produto: é a representação do resultado do processo de produção de conhecimento, atendendo a demanda do tomador de decisão, tornando o resultado obtido por meio do processo de inteligência, um produto de inteligência;
- como organização: apresenta as estruturas funcionais, que tem como missão crítica a obtenção de informações e a produção de conhecimento de inteligência, podendo ser caracterizados como os operadores da inteligência;
- como atividade ou processo: refere-se aos caminhos pelos quais certos tipos de informação são requeridos, coletados, obtidos, analisados e difundidos. Determinação dos procedimentos

para a obtenção de determinados dados, em especial aqueles protegidos.

Platt (1962) evidencia que é preciso pensar nos dados ou na informação coletada, analisando os resultados. Seguindo essa linha de raciocínio, não existe confusão entre o conceito de OSINT e o de fontes abertas.

As fases da coleta especializada, de acordo com as fontes e meios utilizados para a correta obtenção das informações, envolvem algumas técnicas, entre as quais está a OSINT, definida como a análise baseada na

> obtenção legal de documentos oficiais sem restrição de segurança, da observação direta e não clandestina dos aspectos políticos, militares e econômicos da vida interna de outros países ou alvos, do monitoramento da mídia, da aquisição legal de livros e revistas especializadas de caráter técnico-científico, enfim, de um leque mais ou menos amplo de fontes disponíveis cujo acesso é permitido sem restrições especiais de segurança. (Cepik, 2003, p. 32)

Além disso, a qualificação da informação foi também uma imposição decorrente das facilidades geradas pelo progresso tecnológico, que sobrecarregou os tomadores de decisões, fazendo-os perder o foco. Para um melhor entendimento dos conceitos, não se pode confundir OSINT com Open Source Data (OSD) e Open Source Information (OSIF), que são, em verdade, matéria-prima da OSINT.

Nato (2002, p. 2-3) e Kolbe Júnior (2017) descrevem OSD como um dado sem edição, ainda não processado, ainda em estado bruto, entendido como fontes primárias. Alguns exemplos são fotografias, cartas pessoais, gravações. Para ser transformado em OSIF, os dados precisam passar por um processo de elaboração, sendo, então, analisados, editados e, posteriormente, publicados. Só depois eles se tornam informação disponível, constituindo a OSIF (Nato, 2002, p. 2-3; Kolbe Júnior, 2017).

Alguns objetivos precisam ser traçados para não se perder em meio a tantas fontes abertas; com relação a isso, cada país enfrenta situação específica. Fregapani (2003, p. 167) cita como exemplo os Estados Unidos da América: "tendo como objetivo manter a hegemonia mundial, certamente sentem como ameaças aos seus objetivos nacionais o terrorismo, a proliferação nuclear, a carência de certas matérias-primas e a concorrência comercial".

É fundamental que o profissional que usa a OSINT seja um especialista, pois essa fonte de inteligência exige conhecimento do problema que será abordado. Os *deficits* de análise – muitas vezes causados por tentativas de desinformação, pela baixa qualidade dos dados ou por inverdades como o conhecido caso dos documentos da Central Intelligence Agency (CIA) que afirmavam de forma errônea que diferentes fontes (quando, na verdade, tratava-se de uma única fonte) davam conta de que o Iraque dispunha de armas de destruição em massa (Pincus, 2004) – devem ser reduzidos pelos analistas e coletores de informações. Também as notícias de jornal podem ser interpretadas de diversas formas pelos agentes de inteligência, dependendo das prioridades e interesses das agências coletoras.

No Brasil, outra preocupação das comunidades de inteligência é a de capacitar de forma assertiva os analistas em línguas estrangeiras. Mercado (2007, p. 5) ratifica essa necessidade, lembrando que a maioria dos *softwares* que trabalham com OSINT são gerados em inglês.

Para se obter conhecimento utilizando-se as fontes abertas é exigida a implementação de sistemas, o investimento adequado em tecnologia e estrutura além de mão de obra qualificada para exercer essa função (Leite, 2014, p. 23). Entretanto, deve-se ter claro que não adianta ter o maior e mais eficiente aparato em tecnologia, compor equipes com os melhores analistas, se ao final desse processo os serviços de inteligência não interagirem e nem se comunicarem.

Essa situação é exemplificada por Leite (2014, p. 23), afirmando que, durante atentado de 11 de setembro:

> Os Estados Unidos colhiam dados através de seus sistemas eletrônicos e telefonia interurbana de tudo que continha palavras-chaves como *bomba, terrorismo, martírio, atentado* e outras. Eram tantos dados que os analistas não conseguiam processar tudo em tempo hábil e oportuno. A escola de pilotagem onde os futuros suicidas treinaram havia informado à CIA, que produziu um memorando interno alertando para o grande número de islâmicos frequentando estes cursos. O Federal Bureau of Investigation (FBI) possuía outras informações e o Departamento de Imigração também. Bin Laden, três semanas antes, anunciou que ele e seus partidários fariam um ataque sem precedentes nos EUA devido ao apoio que o governo americano dava a Israel. (Leite, 2014, p. 23)

De acordo com Fregapani (2003), tanto a CIA quanto o FBI detinham esses dados, mas, como todo o serviço era compartimentado, as agências não compartilhavam informações; por não se comunicarem, não deram alertas às companhias aéreas sobre o eventual ataque.

É interessante atentar para um modelo de produção de conhecimento em uma área especializada em OSINT para que haja o perfeito equilíbrio, sendo imprescindível uma gestão eficiente do conhecimento e a interação eficiente e eficaz dos diversos órgãos envolvidos. Gomes (2009, p. 128-129) relata bem o que ocorre no Brasil:

> Há bancos de dados institucionais da Polícia Civil, Polícia Rodoviária Federal, Polícia Militar, Exército, Marinha, Aeronáutica, Abin, Detran, bancos de dados policiais das delegacias especializadas em lavagem de dinheiro, imigração ilegal, assalto a banco e, ainda, os não policiais como os da Receita Federal, Dataprev/INSS, CNIS, mas os setores responsáveis pelo gerenciamento

dos dados respectivos não interagem, o que gera uma enorme quantidade de dados perdidos e pouco trabalhados.

Os departamentos de polícia têm seus setores de inteligência. Entretanto, quando acontece uma rebelião nos presídios ou a polícia é atacada, esses órgãos policiais são surpreendidos. "Ou seja, existem muitos órgãos e pouca inteligência" (Leite, 2014, p. 24).

Leite (2014, p. 25) apresenta de forma reduzida os requisitos básicos para uma atividade de inteligência baseada em fontes abertas:

- **Mineração e cruzamento de dados através de *softwares* específicos** – a mineração de dados é o termo coletivo usado para dezena de técnicas que retiram informações de grande volume de dados e as transformam em algo significativo. Hoje existem diversos *softwares de data mining* (mineração de dados) disponíveis gratuitamente no mercado.
- **Servidores qualificados** – a vantagem competitiva entre os serviços de inteligência não está centralizada somente na informação, mas na capacidade dos analistas de produzirem um conhecimento com alto valor agregado e que atenda plenamente as demandas do usuário.
- **Gestão eficiente do conhecimento** – as informações devem ser trabalhadas de forma adequada para possibilitar o seu acesso e pronto uso, visando o estudo de padrões, perfis e tendências criminais, que vão culminar em ações e políticas de combate ao crime.
- **Difusão oportuna** – é importante atentar para a adequação do processo de produção do conhecimento e a sua difusão em tempo oportuno.
- **Interação entre os diversos órgãos e sistemas** – quanto mais os órgãos de inteligência se interagirem e seus sistemas se comunicarem, melhor serão os resultados voltados para a diminuição da criminalidade.

- **Troca de conhecimento com acadêmicos e setores privados** – é preciso conhecer, discutir e debater sobre novas tecnologias voltadas para a área de *OSINT*. Além disso, é importante saber aproveitar de forma mais eficiente as ferramentas já disponíveis, em benefício da atividade de inteligência policial.

Nessa era do conhecimento, com o enfrentamento de constantes desafios, é imprescindível o desenvolvimento de inteligência com base na OSINT. Ainda assim, não se deve abdicar, logicamente, das atividades de inteligência que são obtidas pelo acesso mediado pelas técnicas especiais de investigação ou pelos dados negados. Todos eles se complementam, tornando-se um produto de inteligência para atender às necessidades dos clientes.

Logicamente, nem todas as questões que envolvem a OSINT são positivas, o que gera muitos obstáculos. Entre eles, destacamos o crescimento exponencial da quantidade de dados, de informações e de inúmeras opiniões que são disponibilizadas. Muitas vieram acompanhadas do mau uso da Internet, desde as fraudes *on-line* até a disseminação de ideias extremistas e terroristas; como apontado por Best (2008): "até 1998 existiam cerca de 15 *links* terroristas em *websites*, sendo que até 2008 este número era mais de 4500".

Por motivos como esse, as agências de segurança precisam lidar com novas demandas de criação e aplicação das leis. Não é uma tarefa fácil trabalhar com OSINT, pois existem diversas limitações, entre elas o fato de que um analista terá muita dificuldade em encontrar informações atuais que exigem algum grau de sigilo.

Deve-se ter em mente que o vasto número de vazamentos divulgados por diversas mídias não tem o mesmo valor que os documentos classificados, apesar de serem extremamente úteis quando se tornam de uso comum.

Por conseguinte, as outras formas de obtenção de informações, como o dado negado, nunca serão substituídas pela OSINT. "Além disso, a validação ou a complementação de uma fonte ou dado poderá necessitar do acionamento de agentes de campo" (Afonso, 2006), ou do cruzamento de diversas fontes de informações.

Mercado (2007) exemplifica a análise dos meios de comunicação nas sociedades que são consideradas de regime fechado, como a Coreia do Norte. Lá, circulam apenas dois jornais, sendo um deles do partido comunista e outro administrado pelo governo. Ambos são instrumentos de doutrinação em massa. Esses jornais servem para que os analistas determinem as prioridades e as motivações do governo. Essa condição habilita uma maior cobertura das informações, diferentemente dos países democráticos, que contam com uma diversidade muito grande de dados disponíveis.

> **Importante!**
> Os dados de fontes abertas disponibilizados pela internet são mais práticos e úteis; entretanto, por serem dados não estruturados, são muito mais difíceis de gerir, criando inúmeros obstáculos para a produção do conhecimento.

Um dos maiores desafios para a criação de um setor especializado em OSINT é a adequação da quantidade de informação coletada com o processo de produção, o que habilita a difusão do conhecimento em um tempo executável. Um analista de OSINT pode perder uma informação importante mesmo utilizando um *software* sofisticado. "É necessário a identificação do que é relevante, filtrar e processar todas as informações e extrair um conhecimento" (Lowenthal, 2003).

O maior mérito da atividade de inteligência é a capacidade de, em tempo hábil, fornecer ao decisor informações e, consequentemente, conhecimentos claros e concisos que oportunizarão vantagens estratégicas e competitivas. São eles que vão diminuir de forma considerável possíveis ameaças, proporcionando alta vantagem competitiva. A gestão do conhecimento é um desafio enorme, tanto para as organizações como para as comunidades de inteligência.

Brito (2006, p. 146) ressalta que:

> Considerando-se o grande volume de dados, a questão de como geri-los torna-se essencial, uma vez que estes tendem a aumentar exponencialmente. Cabe notar que a capacidade das organizações de inteligência em produzir boas análises, sobretudo de longo prazo, relaciona-se diretamente a qualidade da coleção disponível. No momento em que inexistam coleções organizadas, inexistem informações acessíveis, e, portanto, objetivamente é o mesmo que não se possuir a referida informação. (Brito, 2006, p. 146)

Nem tudo o que é publicado é confiável ou, até mesmo, verdadeiro. Portanto, o analista deve ser criterioso na produção de conhecimento. Como não é possível ter controle do que é obtido de uma fonte aberta, deve-se considerar o caráter da informação, que pode ser:

- **Desinformação** – realizada para, intencionalmente, confundir alvos (pessoas ou organizações), a fim de induzir esses alvos a cometerem erros de apreciação, levando-os a executar um comportamento pré-determinado [...];
- **Contrainformação** – ação ou estratégia para impedir ao inimigo ou a uma entidade o acesso a uma informação verdadeira, notadamente com divulgação de informações falsas [...];
- **Propaganda** – é a manipulação das informações com uso de recursos persuasivos (folhetos, TV, rádio, outdoor, redes sociais, blogs, mídias) e visa produzir um comportamento em benefício de quem está promovendo, informando, traduzindo ou anunciando. A propaganda é possuidora de poder de convencimento e busca influenciar indivíduos sociáveis nos seus atos ideológicos [...]. (Leite, 2014, p. 32-33)

Considerar, *a priori*, as informações retiradas de fontes abertas como verdades absolutas pode levar o analista a incorrer em erro. Os dados devem sempre ser confrontados com outras fontes para que, então, possam ser utilizados na atividade de inteligência.

Outro problema é lidar com a tradução de dados provenientes de outros idiomas. Para Mercado (2007), os *softwares* de tradução dão uma noção do texto em análise, entretanto ignoram expressões coloquiais e gírias, por exemplo.

Como registramos anteriormente, investimentos em analistas que tenham domínio de outros idiomas é essencial para esse tipo de atividade (Mercado, 2007). No que respeita à segurança, a internet deve ser sempre entendida como um ambiente que exige certos cuidados, pois não há controle sobre o que é publicado por terceiros.

2.4 O preparo da coleta de dados

Há uma linha de raciocínio que considera que o ponto fulcral no desenvolvimento da pesquisa está em seu início. Para que se tenha um bom início, o principal aspecto a se considerar é o poder de uma "boa pergunta". Só ela pode trazer as respostas certas e informar aquilo que o profissional não sabe.

Em um ambiente no qual convivem diversos profissionais, a atividade de *brainstorming* é bem-vinda, pois permite que sejam discutidos aspectos importantes do assunto, com registro em mapas mentais ou conceituais, o que traz bom resultado. Nessas atividades, podem ocorrer momentos de *insight*, que ocorrem quando o profissional analisa as colocações do grupo de trabalho, percebendo-se uma sinergia altamente positiva emanada do sentimento de união do grupo.

Por meio do *brainstorming*, tem início um conjunto de atividades que seguem as etapas de:

- mineração de dados (*data mining*);
- escolha e coleta do que interessa colocar no armazém de dados (*data warehouse*);
- efetivação da análise do que, entre os dados coletados, é realmente útil para a busca de novos conhecimentos (*data analysis*).

O resultado oferece um suporte à tomada de decisão que pode envolver diferentes atividades, para além da simples pesquisa propriamente dita. A partir desse momento, devemos ressaltar a importância da pergunta que deve ser efetivada. Ela deve atender ao principal objetivo: o de identificar o que os envolvidos não sabem e sobre o que os horizontes da captação e coleta de dados devem ampliar.

É importante destacar que quando falamos em "pergunta", não especificamos uma questão, fazemos referência a um conjunto delas, levantadas em atividades de *brainstorming*. Uma proposta com essas características pode direcionar as ações a serem tomadas.

Tendo as perguntas claramente estabelecidas, o foco da ação se desloca para um aspecto complementar: onde pesquisar. Aqui deve ser estipulada a veracidade da fonte de pesquisa como principal elemento a ser considerado. A confiabilidade das referências obtidas e dos mecanismos de busca (ferramentas tecnológicas de auxílio) que dão apoio às pesquisas são essenciais para qualquer profissional, esteja realizando trabalhos científicos (com maior destaque e rigor acadêmico) ou trabalhos particulares (que também devem atender a requisitos, ainda que com menor rigor).

Assim, é preciso que o conhecimento detalhado do navegador preferido (Google, Copérnico ou outros) seja colocado como requisito, a fim de que não se percam dados importantes nem que se reiterem pesquisas desnecessárias.

As pesquisas podem ser efetuadas em livros e periódicos, impressos ou digitais; institutos mantidos por órgãos de classe que publicam periodicamente resultados de pesquisas importantes; instituições que registram séries históricas ou documentos legais; grandes enciclopédias dedicadas a áreas de conhecimento ou saber específicas.

O desenvolvimento da pesquisa pode ser *off-line* ou *on-line*, com preferência pela facilidade de obtenção de grande volume de dados. Consideremos como exemplo a área da saúde, em que as fontes de pesquisa devem ser fidedignas; têm esse caráter publicações como MedlinePlus e PubMed. Citamos esses dois, que são órgãos internacionais, em razão da maior proliferação de artigos diversos, mas existem organismos nacionais como SciELO e Lilacs.

Para saber mais

Conheça as fontes de pesquisas citadas acessando as páginas a seguir:

LILACS. Disponível em: <http://lilacs.bvsalud.org/>. Acesso em: 14 nov. 2019.

MEDLINEPLUS. Disponível em: <https://medlineplus.gov/>. Acesso em: 14 nov. 2019.

PUBMED. Disponível em: <https://www.ncbi.nlm.nih.gov/pubmed/>. Acesso em: 14 nov. 2019.

SCIELO – Scientific Electronic Library Online. Disponível em: <http://www.scielo.org/php/index.php>. Acesso em: 14 nov. 2019.

Essas orientações são um bom ponto de partida para o desenvolvimento de uma atividade de pesquisa, com expectativa de obtenção de bons resultados. Ao se garantir acesso a fontes de pesquisa fidedignas, o profissional pode dedicar um tempo maior à qualidade do que foi recuperado e do que será trabalhado em etapas subsequentes.

2.4.1 Transformação de informações em conhecimento

Atualmente, em um contexto de negócios, o acesso à informação deixou de ser um diferencial competitivo, passando a ser algo realmente aplicável na vida das pessoas e das organizações em geral. Há pouco tempo esse processo era limitado àquelas organizações de grande porte e só era possível alcançar seus objetivos com altos investimentos em tecnologia e pessoas.

Ante a evolução tecnológica e o processamento mais apurado das informações, com custos cada vez mais acessíveis, as organizações prosperam graças a sua habilidade na construção do conhecimento, fazendo bom uso das informações.

A transformação de informação em conhecimento inicia-se com a coleta e o armazenamento dos dados, e o resultado é entregue a um analista de dados. Esse profissional transforma esses dados em informações, que somente se tornam conhecimento após estudos, que podem anteceder a fase de implantação em projetos. Um dos modelos utilizados nessa transformação de informação em conhecimento é o ADDIE – *analysis, design, development, implementation and evaluation*.

> **Preste atenção!**
> O modelo ADDIE é aplicado por educadores e designers instrucionais como um guia para o *design* e para a gestão de projetos.

Há, assim, uma função precípua de transformação do conjunto de dados armazenados, gerando novas tabelas ou combinações montadas em tempo real. Isso permite uma verificação dos dados mais bem programada e desenvolvida, racionalizando o trabalho de usuários finais responsáveis por atividades que envolvem tomada de decisões, independentemente do nível em que elas ocorrem.

Essas tabelas, geradas para armazenar os dados e as informações resultantes do processo anterior, devem estar dispostas em algum local próprio, para sua posterior consulta e consequente entendimento; com isso, forma-se o conhecimento necessário às partes interessadas. Esses locais de armazenamento podem ser os *data warehouse,* que são depósitos de dados digitais cuja função é armazenar informações.

Nesse contexto, há um fenômeno denominado **big data**, responsável por expor essa nova função, em fase de desenvolvimento, apoiada em uma base salarial diferenciada e que se justifica pela elevada criatividade que exige dos profissionais que lidam com isso. É uma função exaustiva, pautada em serviços que envolvem inteligência competitiva, outrora espionagem industrial, e que trabalha com elevado volume de dados. Eles permitem identificar as características desejadas no elemento em estudo. Como exemplo, podemos citar a função **consumer relationship** (CRM), em que o trabalho com dados de venda, tendências de mercado e técnicas de fidelização exige elevado volume de dados, apoiado na inovação desejada para obter liderança.

O elemento responsável desenvolve a montagem de mosaicos, que podem representar diferentes contextos, desenvolvendo simulações de diversas situações, que podem ser mais ou menos voláteis, mas que certamente se modificam com o tempo. Ele deve antever o futuro, mesmo sabendo que talvez não se confirme, apoiado em uma lógica difusa (*fuzzy logic*), podendo essa vir a ser mais ou menos complexa, dependendo das características do objeto de estudo.

Importante!

A complexidade tem relação com o tempo de criatividade envolvida no processo como um todo. Com elevado nível de inovação, geram-se comportamentos e atitudes capazes de mudar características indesejadas que a pesquisa extensiva porventura tenha demonstrado, o que pode funcionar como um indicativo

> para se atingir características desejáveis, levantadas durante o mesmo processo.

2.4.2 Facilitação de acesso a informações

Finalizadas as etapas iniciais, o profissional e também o pesquisador devem voltar suas preocupações para tornar o elevado volume de informações, geradas com os dados coletados anteriormente, facilmente acessível ao mundo exterior. Aqui consideramos pesquisador tanto aquele que trabalha individualmente quanto aquele que faz parte de uma equipe composta de diferentes profissionais que atuam de acordo com um objetivo ou estratégia particular.

O trabalho com metadados (dados sobre os dados) e a disponibilidade de acesso via múltiplas chaves, bem como sua combinação, devem permitir que o repositório de informações apresente combinações diferenciadas e que, quando combinadas, tornem viável a simulação dos comportamentos do objeto de estudo. O processo de análise do que pode acontecer se assemelha em muito a uma partida de xadrez, na qual de um lado estão aqueles que devem levar a empresa a uma situação de liderança, com relação do objeto de estudo, e do outro lado estão os usuários ou consumidores do resultado obtido com o trabalho de pesquisa.

Nesse momento, destacam-se as questões que envolvem proteção, segurança e garantia de integridade dos dados armazenados. Deve haver a preocupação, maior ou menor na dependência do tipo de processo, em que o acesso legal (LAI – Lei de Acesso à Informação – n. 12.527, de 18 de novembro de 2011 – Brasil, 2011a) possa ser garantido a todos que necessitem das informações geradas nos processos desenvolvidos durante a pesquisa.

2.5 Linha de ação para o profissional

O profissional é considerado o principal elemento no ambiente. Por isso, ele deve observar regras e normas legais durante o desenvolvimento de seu trabalho. Complementarmente, é possível extrair de conversas com diversos profissionais uma linha de ação que se mostra corrente e que possibilita a obtenção de melhores resultados em sua ação e prática profissional. Nesse sentido, há cinco elementos de destaque:

1. como preparar uma coleta de dados;
2. como armazenar os dados de forma a serem transformados em informações desejadas;
3. como transformar informações em conhecimento;
4. como proporcionar elevada transparência e nível de acesso facilitado às informações armazenadas; e
5. quais cuidados tomar com relação a questões éticas sobre a licitude na busca, transformação e utilização dos dados.

2.5.1 Licitude e questões éticas a considerar

Além do acesso a fontes fidedignas, é importante saber o que é legalmente passível de divulgação. Deixa-se de lado, por exemplo, qualquer questão racial, de gênero ou de fobia de qualquer sorte.

Outra norma a ser respeitada diz respeito ao fato de a publicação de informações protegidas por direitos autorais necessitar de autorização, que deve ser obtida para evitar a configuração de plágio das informações obtidas e divulgadas.

Há, portanto, que se respeitar diferentes normas para se fechar um processo altamente ético, legal e abrangente e, assim, proporcionar aos usuários finais as necessárias informações para o desenvolvimento de suas atividades.

Síntese

Com o surgimento dos computadores pessoais, em conjunto com as tecnologias de redes locais (LAN), foi iniciada uma nova fase da computação. Esse advento estimulou o surgimento de novos aplicativos e de bancos de dados, aumentando de forma significativa a demanda por capacidade de armazenamento.

A utilização de fontes abertas pode auxiliar na identificação da estratégia que a organização deve utilizar, de acordo com os interesses do tomador de decisão, para proporcionar materiais suficientes para a geração de conhecimento e auxílio nas tomadas de decisão.

Também explicamos como preparar e coletar dados e explicitamos a importância desse processo na posterior transformação de informações em conhecimento. Todo esse processo necessita de determinadas ações dos profissionais envolvidos, principalmente se levarmos em conta a disponibilização em tempo real.

Questão para revisão

1. Nato (2002, p. 2-3) e Kolbe Júnior (2017), definem *open source data* (OSD) como um dado sem edição, ainda não processado, ainda em estado bruto; trata-se das fontes primárias. Para ser transformado em *open source information* (OSIF), esses dados precisam:
    a) passar por um processo de elaboração, sendo analisados, editados e posteriormente publicados, tornando-se informação disponível.
    b) primeiramente ser publicados para depois passarem pelo processo de elaboração, tornando-se informação disponível.
    c) ser recolhidos para, então, serem publicados, tornando-se informação disponível.

d) formatados, disponibilizados em planilhas, classificados e excluídos, tornando-se informação disponível.
e) primeiramente analisados e tabulados, depois arquivados.

2. Nem tudo o que é publicado é, por isso, confiável ou até mesmo verdadeiro. Com base nessa assertiva, relacione o caráter da informação à descrição correspondente

(1) Desinformação
(2) Contrainformação
(3) Propaganda

( ) Ação ou estratégia para impedir que um inimigo ou uma entidade tenha acesso a uma informação verdadeira.
( ) Utilização de divulgação de informações falsas
( ) Manipulação das informações com uso de recursos persuasivos que visa produzir um comportamento em benefício de quem está promovendo, informando, traduzindo ou anunciando.
( ) Prestação de informação realizada para, intencionalmente, confundir alvos (pessoas ou organizações), a fim de induzir esses alvos a cometerem erros de apreciação.
( ) Estratégia que se vale do poder de convencimento e busca influenciar indivíduos sociáveis em seus atos ideológicos.

a) 2 – 2 – 3 – 1 – 3.
b) 2 – 2 – 1 – 3 – 1.
c) 1 – 2 – 2 – 1 – 3.
d) 3 – 1 – 2 – 1 – 2.
e) 3 – 2 – 1 – 3 – 2.

3. Moresi et al. (2010, p. 5) apresenta uma definição clássica de inteligência seguindo três aspectos. Relacione esses aspectos a suas definições.

(1) Como produto
(2) Como organização
(3) Como atividade ou processo

( ) Apresenta as estruturas funcionais, que têm como missão crítica a obtenção de informações e a produção de conhecimento de inteligência.
( ) Refere-se aos caminhos pelos quais certos tipos de informação são requeridos, coletados, obtidos, analisados e difundidos.
( ) Torna o resultado obtido um produto de inteligência.
( ) Determina os procedimentos para a obtenção de determinados dados, em especial aqueles protegidos.
( ) É a representação do resultado do processo de produção de conhecimento, atendendo a demanda do tomador de decisão.

a) 1 – 2 – 1 – 3 – 3.
b) 2 – 3 – 1 – 3 – 1.
c) 3 – 2 – 3 – 2 – 1.
d) 2 – 2 – 3 – 1 – 1.
e) 1 – 2 – 3 – 1 – 2.

4. Leite (2014) apresenta alguns dos requisitos básicos para uma atividade de inteligência baseada em fontes abertas. Entre esses requisitos, estão a mineração e o cruzamento de dados através de *softwares* específicos. Descreva esse requisito.

5. Há uma linha muito tênue entre as atividades de investigações criminais e as atuações de um serviço de inteligência. Descreva, com base no que é apresentado por Ferro Júnior (2008), um conceito de inteligência policial.

Questões para reflexão

1. Os profissionais são considerados o principal elemento, devendo observar regras e normas legais durante o desenvolvimento de seu trabalho. Existem cinco elementos de destaque que seguem nessa linha de raciocínio: como preparar uma coleta de dados; como armazenar os dados de forma a poderem ser transformados em informações desejadas; como transformar informações em conhecimento; como proporcionar elevada transparência e nível de acesso facilitado às informações armazenadas e; cuidados a serem tomados com relação a questões éticas sobre a licitude na busca, transformação e utilização dos dados. Com base no material estudado e em pesquisas individualizadas, elabore um plano de ação que contemple esses cinco elementos.

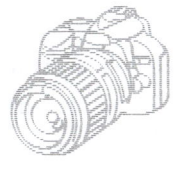

3

PRODUÇÃO DE DOCUMENTOS SIGILOSOS

Conteúdos do capítulo
- Classificação de documentos.
- Arquivamento de documentos.
- Tabela de temporalidade.
- Avaliação de documentos.
- Taxonomia Isad(G) e Nobrade.

Após o estudo deste capítulo, você será capaz de:
1. analisar a classificação de documentos;
2. compreender como ocorre o arquivamento de documentos;
3. identificar a tabela de temporalidade;
4. entender a avaliação de documentos;
5. reconhecer as principais funções da taxonomia Isad(G) e Nobrade.

A promulgação da Lei n. 12.527, de 18 de novembro de 2011 – Lei de Acesso à Informação (LAI) –, que passou a vigorar em 2012 no Brasil, representa um marco regulatório que estabelece procedimentos sobre o acesso à informação pública. Com isso, esse instrumento legal contribui para o aumento substancial da participação social na gestão pública, e também para fortalecer essa gestão, tornando-a mais eficiente e transparente. Seus princípios são: publicidade como regra, e sigilo como exceção; divulgação independente de solicitação; utilização de tecnologia da informação; desenvolvimento da cultura da transparência; controle social da administração pública (Brasil, 2011a).

Um ponto bastante controverso no acesso à informação pública são os documentos sigilosos. De acordo com a LAI, as informações sigilosas são aquelas submetidas à restrição de acesso público por motivos da imprescindibilidade para a devida segurança da sociedade e também do Estado. Por esse motivo, são previstos alguns procedimentos com vistas à classificação e à desclassificação do sigilo de informações. Dentre esses procedimentos ou determinações, encontra-se a publicação periódica, na qual consta uma lista de documentos classificados e desclassificados pelo Poder Público. Isso permite aos cidadãos a verificação de quais são as informações sigilosas e da periodicidade delas, além do entendimento de quais informações já não são secretas. Para a compreensão da necessidade da garantia de segurança e questões de fidedignidade das informações, há alguns aspectos que devem ser analisados, como o nível de sigilo dos documentos.

Neste capítulo, abordaremos os seguintes temas: produção de documentos sigilosos, agente de investigação, classificação dos documentos e regulamentações especialmente designadas para esse fim.

3.1 Classificação

Os arquivos são compostos por documentos produzidos ou mesmo recebidos por uma pessoa física ou jurídica, pública ou privada. Eles independente da natureza do suporte, pois em decorrência do exercício de suas atividades, será comprovada a respectiva fonte de prova e informação.

De acordo com Thomassem (2006, p. 7), o documento, e posteriormente o arquivo, nasce quando se inicia uma tarefa, um trabalho ou mesmo um registro. Sob o ponto de vista intelectual, o plano de classificação destina-se a representar as informações arquivísticas oriundas do exercício das funções e das atividades de uma pessoa física ou jurídica. Segundo o autor, "quanto mais as estruturas dos arquivos e dos documentos forem uma representação das suas funções, a recuperação almejada da informação será melhor e mais rápida" (Thomassem, 2006, p. 7).

Sousa et al. (2006, p. 4) afirmam que no Brasil o desenvolvimento da classificação de documentos de arquivo teve início em março de 1996, com "a publicação da Resolução n. 4 do Conselho Nacional de Arquivos (Conarq), que veio a tornar o seu uso obrigatório nos arquivos referentes às atividades-meio da Administração Pública Federal". Esse plano, o de classificação, iniciou-se na Secretaria de Planejamento da Presidência da República (Seplan), na década de 1980, após identificarem que até aquele momento não havia iniciativas que auxiliassem na sistematização adequada das metodologias que envolviam o tratamento dos arquivos.

Então, "após ter sofrido sua terceira modificação, ocorrida em agosto de 2004, permaneceu inalterada a essência metodológica de aplicação do Plano de Classificação". Sousa et al. (2006, p. 5) apresentam os reflexos dessa trajetória, expondo algumas percepções dos usuários quanto às dificuldades em aplicar o referido Código.

A maioria, 86%, tinha dúvidas na aplicação, e somente 14% não tiveram nenhuma dificuldade na utilização do instrumento.

Entre as dificuldades encontradas, estava o entendimento do Código. Os motivos principais eram o desconhecimento e a falta de clareza do instrumento. Além disso, era possível a classificação em mais de um código, o que gerava múltiplas interpretações. "A defasagem do Código, não contemplando todas as funções e atividades desenvolvidas pelos órgãos, foi considerada também como uma dificuldade encontrada" (Sousa et al., 2006, p. 5).

O que nos interessa, portanto, é que a classificação é constituída pela organização dos documentos do arquivo de acordo com um plano de classificação e a respectiva tabela de temporalidade (sobre a qual versaremos na Seção 3.3). De acordo com o Conarq (2001, p. 9), "o código de classificação de documentos de arquivo é um instrumento de trabalho utilizado para classificar todo e qualquer documento produzido ou recebido por um órgão no exercício de suas funções e atividades".

Nesse aspecto, reunir documentos sobre determinado tema é um dos objetivos da classificação. Só assim ela será utilizada como uma forma de busca rápida, facilitando as tarefas arquivísticas. Esse processo envolve: avaliação, seleção, eliminação, tramitação, e guarda e acesso a esses documentos. Essa ação, portanto, auxilia na definição da disposição física dos documentos arquivados, tornando-se, com isso, referencial básico para sua posterior recuperação.

De acordo com o Conarq (2001, p. 14), os procedimentos para classificar os documentos são dois:

> a. ESTUDO: consiste na leitura de cada documento, a fim de verificar sob que assunto deverá ser classificado e quais as referências cruzadas que lhe corresponderão. A referência cruzada é um mecanismo adotado quando o conteúdo do documento se refere a dois ou mais assuntos.

b. CODIFICAÇÃO: consiste na atribuição do código correspondente ao assunto de que trata o documento.

Além disso, algumas rotinas devem ser empregadas nas operações de classificação de documentos. São elas (Conarq, 2001, p. 14):

1. Receber o documento para classificação;
2. Ler o documento, identificando o assunto principal e o(s) secundário(s) de acordo com seu conteúdo;
3. Localizar o(s) assunto(s) no Código de classificação de documentos de arquivo, utilizando o índice, quando necessário;
4. Anotar o código na primeira folha do documento;
5. Preencher a(s) folha(s) de referência [...] para os assuntos secundários.

Também é importante observar que, quando o documento contém um ou mais anexos, estes devem receber a anotação dos códigos correspondentes.

Depois de entendida essa rotina nas operações de classificação de documentos, devemos passar a pensar nos **procedimentos** a serem utilizados na classificação dessas informações. São eles (Azevedo, 2018, p. 7):

- Leitura: ler atentamente o documento a ser classificado, reconhecendo se o mesmo refere-se às atividades da área-meio ou da área-fim.
- Seleção do código de classificação: selecionar o instrumento-plano de classificação da área-meio ou da área-fim, e apontar o código pertencente ao assunto referido no documento.
- Anotação do código: anotar, a lápis, no canto superior do documento, quando em suporte papel. Nos documentos digitais, que são criados em alguma plataforma, selecionar a classificação cadastrada no sistema.

- Identificação da destinação: identificar no documento, a lápis, a destinação final, no caso dos documentos em suporte convencionais. Se à eliminação (letra E) ou à guarda permanente (letra P), abaixo do código.
- Organização e ordenação: organizar a documentação em suporte convencional, conforme o código selecionado e o método de arquivamento apropriado.
- Formação de dossiês: selecionada a forma de ordenação, os documentos classificados poderão ser reunidos formando dossiês. Para reunir a documentação em dossiês, recomenda-se a utilização de folhas A3 em papel alcalino neutro, formando uma capa do conteúdo.
- Identificação dos dossiês: anotar o código e seu referido assunto e demais dados que se fazem necessários para ajudar o desarquivamento e busca da informação nas capas dos dossiês existentes.
- Assuntos não identificados: informar ao comitê responsável pela avaliação de documentos os assuntos dos documentos que não forem encontrados nos instrumentos – plano de classificação para que a atualização seja verificada.

Quando detalhamos os procedimentos a serem utilizados na classificação das informações, fizemos referências aos códigos de classificação de documentos, de modo que é conveniente lembrarmos um exemplo de Siga (2019a, p. 1):

CLASSE 100 – ENSINO SUPERIOR
110 – Normatização. Regulamentação
120 – Cursos de graduação (inclusive na modalidade a distância)
130 – Cursos de pós-graduação stricto sensu (inclusive na modalidade a distância)
140 – Cursos de pós-graduação lato sensu (inclusive na modalidade a distância)
150 – (vaga)

160 – (vaga)
170 – (vaga)
180 – (vaga)
190 – Outros assuntos referentes ao ensino superior

Feita a classificação dos documentos, procede-se às ações que envolvem o arquivamento dos documentos.

3.2 Arquivamento

O ato de guardar é entendido como arquivamento. De acordo com o código de classificação, os documentos ficam dispostos no material de acondicionamento escolhido ou indicado (caixas, pastas, gavetas etc.).

A escolha do método de arquivamento deve estar relacionada à forma como se pretende uma informação no futuro. Preferencialmente, esse deve ser um procedimento que vise à praticidade e facilite a recuperação de um dado.

Os métodos de arquivamento mais conhecidos são:

- **alfabético**: é o mais simples e convencional, baseia-se na ordem das letras do alfabeto. Se utiliza de nome de pessoas, pode ser considerado nominal.
- **geográfico**: é utilizado quando o principal referencial do documento é a sua procedência.
- **temático ou ideográfico**: é utilizado quando o eixo principal são os assuntos presentes explicitados nos documentos.
- **numérico**: obviamente, usa como critério os numerais.

Após a classificação e a tramitação, o documento deve ser, então, arquivado, seguindo as operações indicadas a seguir:

   a. INSPEÇÃO: consiste no exame do(s) documento(s) para verificar se o(s) mesmo(s) se destina(m) realmente ao arquivamento,

se possui(em) anexo(s) e se a classificação atribuída será mantida ou alterada.
b. ORDENAÇÃO: consiste na reunião dos documentos classificados sob um mesmo assunto. [...]
c. ARQUIVAMENTO: consiste na guarda do documento no local devido (pasta suspensa, prateleira, caixa), de acordo com a classificação dada.
d. RETIRADA E CONTROLE (EMPRÉSTIMO): esta operação ocorre quando processos, dossiês ou outros documentos são retirados do arquivo para:

– emprestar aos usuários;
– prestar informações;
– efetuar uma juntada. (Conarq, 2011, p. 15-16)

O principal objetivo da ordenação é agilizar o arquivamento, a fim de minimizar as possibilidades de erros. Se ordenados adequadamente, os arquivos são mantidos reunido quando referentes ao mesmo assunto. Ou seja, é preciso organizá-los de forma antecipada para um devido arquivamento.

Na sequência, dossiês acondicionados são formados por documentos classificados sob o mesmo código, normalmente usando-se capas apropriadas. Os dados referentes ao conteúdo – o que inclui código, assunto e, em algumas vezes, nome de pessoa física ou lugar – são registrados na capa para facilitar uma posterior identificação.

Observando-se as respectivas dimensões, os dossiês devem ser arquivados em caixas ou pastas suspensas, que contém processos e volumes. De acordo com o Conarq (2011, p. 15), essa operação possibilita "a racionalização do arquivamento, pois em uma mesma pasta poderão ser contidos inúmeros dossiês, correspondentes a um mesmo grupo ou subclasse". Isso diminui consideravelmente o número de pastas.

Na sequência, reproduzimos o exemplo citado por Cnarq (2011, p. 15):

> Pasta: 061 – PRODUÇÃO EDITORIAL
> Dossiês: 061.1 – EDITORAÇÃO. PROGRAMAÇÃO VISUAL
> 061.2 – DISTRIBUIÇÃO. PROMOÇÃO. DIVULGAÇÃO

Outra indicação é "organizar internamente cada pasta, separando os documentos referentes a cada pessoa, órgão, firma ou lugar, sempre que a quantidade de documentos justificar e desde que relativos a um mesmo assunto" (Conarq, 2011, p. 15). Mais uma vez, apresentamos um exemplo dado pelo Conselho Nacional de Arquivos (Conarq, 2011, p. 15):

> Pasta: 021.2 – EXAMES DE SELEÇÃO
> Dossiês: Será criado um dossiê para cada tipo de exame e título de concurso, ordenados alfabeticamente.

No arquivamento, a atenção deve ser redobrada, pois se ele for feito de maneira errônea, o documento pode ficar perdido, impossibilitando sua posterior recuperação quando solicitado.

Outro ponto importante é que existem algumas **rotinas** correspondentes às operações de arquivamento. De acordo com Conarq (2011, p. 16), são elas:

1. Verificar a existência de antecedentes (documentos que tratam do mesmo assunto);
2. Reunir os antecedentes, colocando-os em ordem cronológica decrescente, sendo o documento com data mais recente em primeiro lugar e assim sucessivamente;
3. Ordenar os documentos que não possuem antecedentes, de acordo com a ordem estabelecida (cronológica, alfabética, geográfica ou outra), formando dossiês. Verificar a existência de cópias, eliminando-as. Caso o original não exista, manter uma única cópia;

4. Fixar cuidadosamente os documentos às capas apropriadas com prendedores plásticos, com exceção dos processos e volumes que, embora inseridos nas pastas suspensas, permanecem soltos para facilitar o manuseio;
5. Arquivar os documentos nos locais devidos, identificando de maneira visível as pastas suspensas, gavetas e caixas;
6. Manter reunida a documentação seriada, como por exemplo boletins e atas, em caixas apropriadas, procedendo o registro em uma única folha de referência, arquivada em pasta suspensa, no assunto correspondente e repetindo a operação sempre que chegar um novo número.

Por fim, cabe mencionarmos o processo de retirada e o controle de empréstimo. Quando se faz a retirada de um documento, o controle deve ser feito por meio de um recibo de empréstimo, no qual devem constar registros das informações sobre processos, dossiês ou outros documentos retirados. Também devem ser registradas informações como setor, nome e assinatura do servidor responsável pela solicitação. Quando ocorre a devolução do documento, a data da devolução precisa ser indicada.

> **Importante!**
> A principal finalidade do recibo de empréstimo é controlar o prazo da devolução do documento. Outra função é indicar a frequência de uso. Essa frequência é fator determinante para o estabelecimento de prazos para transferência e posterior recolhimento.

Um controle permite informar com precisão e segurança a localização do(s) documento(s) retirado(s). Para apurar com mais precisão a temporalidade das informações, utiliza-se uma tabela específica para isso. É sobre esse item que trataremos na próxima seção.

3.3 Tabela de temporalidade

Embora a temporalidade seja desenhada para um fim específico, aqui, por razões didáticas, a utilizaremos de modo abrangente. Observe no Quadro 3.1 um recorte da tabela de temporalidade criada pelo Siga (2019b) para atividades-fim das instituições federais de ensino superior (Ifes).

Quadro 3.1 – Amostra de uma tabela de temporalidade

CÓDIGO	ASSUNTO	PRAZOS DE GUARDA		DESTINAÇÃO FINAL	OBSERVAÇÕES
		Fase corrente	Fase intermediária		
125 Vida acadêmica dos alunos dos cursos de graduação					
125.1 Ingresso					
125.11 Processo de seleção (vestibular)					
125.111	Planejamento orientações	Até a homologação do evento	1 ano	Guarda permanente	
125.112	Inscrições	Até a homologação do evento*	1 ano	Eliminação	*Aguardar o término da ação, no caso de ação judicial.
125.113	Controle de aplicação de provas	Até a homologação do evento*	1 ano	Eliminação	*Aguardar o término da ação, no caso de ação judicial.
125.114	Correção de provas	Até a homologação do evento*	1 ano	Eliminação	*Aguardar o término da ação, no caso de ação judicial.

(continua)

(Quadro 3.1 – conclusão)

CÓDIGO	ASSUNTO	PRAZOS DE GUARDA		DESTINAÇÃO FINAL	OBSERVAÇÕES
		Fase corrente	Fase intermediária		
125.115	Recursos	Até a homologação do evento*	1 ano	Guarda permanente	*Aguardar o término da ação, no caso de ação judicial. Eliminar os documentos após 2 anos do indeferimento.

Fonte: Siga, 2019b.

De acordo com o Conarq (2011), a tabela de temporalidade é um instrumento arquivístico resultante de avaliação, em que o objetivo principal é definir os prazos de guarda e, posteriormente, a destinação dos documentos. Esse instrumento visa a garantir o acesso à informação a todos que tiverem necessidade. "A estrutura básica deve contemplar, além dos conjuntos documentais produzidos e/ou recebidos por uma instituição, no respectivo exercício de suas atividades, também os prazos de guarda determinados tanto nas fases corrente como intermediária" (Conarq, 2011, p. 43-44).

Preste atenção!

Como estamos trabalhando com um modelo genérico neste capítulo, indicamos também a *Tabela de temporalidade e destinação de documentos e arquivos relativos às atividades-fim das Instituições Federais de Ensino Superior – IFES*. Trata-se de um modelo usado na prática e que certamente pode enriquecer o conhecimento a respeito do tema. Ela pode ser encontrada no seguinte endereço:

SIGA – Sistema de Gestão de Documentos de Arquivo da Administração Pública Federal. **Tabela de temporalidade e** destinação de documentos e arquivos relativos às atividades-fim das Instituições Federais de Ensino Superior – IFES. Disponível em: <http://www.siga.arquivonacional.gov.br/images/codigos_tabelas/portaria_n0922011_tabela_de_temporalidade_e_destinao.pdf>. Acesso em: 19 nov. 2019.

A coluna **Destinação final** (eliminação ou a guarda permanente) deve conter também um campo para observações, no qual são inseridas considerações necessárias a sua compreensão e aplicação.

As diretrizes para a correta utilização de uma tabela de temporalidade, de acordo com Conarq (2011), são: assunto; prazos de guarda; destinação final; observações.

Na coluna **Assunto**, são indicados os conjuntos documentais produzidos e recebidos, distribuídos hierarquicamente conforme as funções e as atividades desempenhadas pela instituição. Para a identificação precisa do conteúdo da informação, funções devem ser empregadas, envolvendo atividades, espécies e tipos documentais, genericamente denominados *assuntos*. Estes precisam ser agrupados de acordo com um código de classificação, formando conjuntos que constituem o referencial para o arquivamento dos documentos. Para auxiliar, pode ser empregado também como instrumento o índice, que contém os conjuntos documentais, dispostos ordenadamente de forma alfabética, agilizando sua localização na tabela.

O campo **Prazos de guarda** é utilizado para indicar o tempo necessário para arquivamento dos documentos nas fases corrente e intermediária, com vistas a atender de forma exclusiva às necessidades da administração onde foram gerados. Devem ser mencionados, preferencialmente, em anos. De forma excepcional, pode ser expresso como uma ação concreta aplicada a determinado conjunto documental, que deverá ser objetivo e direto na definição da ação. O Conarq (2011, p. 44) cita como exemplos desses prazos: "até a aprovação das contas; até a homologação da aposentadoria; e até a quitação da dívida".

O prazo estabelecido para a fase corrente relaciona-se ao período em que o documento é frequentemente consultado, exigindo sua permanência junto às unidades organizacionais. A fase intermediária relaciona-se ao período em que o documento ainda é necessário à administração, porém com menor frequência de uso, podendo ser transferido para depósito em outro local, embora à disposição desta. (Conarq, 2011, p. 44)

No Brasil, a realidade arquivística apresenta várias formas de concentração dos arquivos: **nível da administração**, localizada entre as fases corrente e intermediária, ou; âmbito dos arquivos públicos, sejam eles permanentes ou históricos. De acordo com a Conarq (2011, p. 44),

a distribuição dos prazos de guarda nas fases corrente e intermediária foi definida a partir das seguintes variáveis:

I – Órgãos que possuem arquivo central e contam com serviços de arquivamento intermediário:

Para os órgãos federais, estaduais e municipais que se enquadram nesta variável, há necessidade de redistribuição dos prazos, considerando-se as características de cada fase, desde que o prazo total de guarda não seja alterado, de forma a contemplar os seguintes setores arquivísticos:

- arquivo setorial (fase corrente, que corresponde ao arquivo da unidade organizacional);
- arquivo central (fase intermediária I, que corresponde ao setor de arquivo geral/central da instituição);
- arquivo intermediário (fase intermediária II, que corresponde ao depósito de arquivamento intermediário, geralmente subordinado à instituição arquivística pública nas esferas federal, estadual e municipal).

II – Órgãos que possuem arquivo central e não contam com serviços de arquivamento intermediário:

Nos órgãos situados nesta variável, as unidades organizacionais são responsáveis pelo arquivamento corrente e o arquivo central funciona como arquivo intermediário, obedecendo aos prazos previstos para esta fase e efetuando o recolhimento ao arquivo permanente.

III – Órgãos que não possuem arquivo central e contam com serviços de arquivamento intermediário:

Nesta variável, as unidades organizacionais também funcionam como arquivo corrente, transferindo os documentos – após cessado o prazo previsto para esta fase – para o arquivo intermediário, que promoverá o recolhimento ao arquivo permanente.

IV – Órgãos que não possuem arquivo central nem contam com serviços de arquivamento intermediário:

Quanto aos órgãos situados nesta variável, as unidades organizacionais são igualmente responsáveis pelo arquivamento corrente, ficando a guarda intermediária a cargo das mesmas ou do arquivo público, o qual deverá assumir tais funções.

Na coluna **Destinação final**, é registrada a destinação estabelecida, ou seja, onde a informação está armazenada, podendo ocorrer, em algum momento, sua eliminação. Outra opção é a guarda permanente, que ocorre quando as informações contidas no documento são consideradas importantes para utilizações como prova, informação e mesmo pesquisa.

> **Importante!**
>
> A guarda permanente de documentos é o padrão nas instituições arquivísticas públicas, ou seja, no Arquivo Nacional e nos arquivos públicos estaduais, municipais e do Distrito Federal. Esses órgãos das três esferas administrativas são responsáveis pela preservação dos documentos e pelo acesso às informações contidas neles. Logicamente, outras instituições também podem manter seus arquivos permanentes, seguindo as orientações técnicas utilizadas pelos arquivos públicos, e que possam garantir o intercâmbio de informações sobre os respectivos acervos.

A coluna **Observações** serve para o registro das informações complementares e é contemplado com justificativas necessárias à aplicação correta da tabela. Ainda são incluídas nesse campo as orientações relacionadas à alteração do suporte da informação e os aspectos que possam elucidar a destinação dos documentos, acordados com a particularidade dos conjuntos documentais avaliados.

É necessário definir os prazos de guarda dos documentos. Mas para que isso ocorra, é necessário que eles sejam devidamente avaliados.

3.4 Avaliação de documentos

Na gestão dos documentos, a avaliação é uma atividade essencial, pois ocorre à medida que são definidos os prazos de guarda da documentação. "Isso ocorre de acordo com a aplicação da temporalidade para a destinação final, baseada nos valores do conteúdo dos documentos que foram avaliados" (Conarq, 2011, p. 46). Para o processo de avaliação, a tabela de temporalidade é utilizada.

De modo geral, a avaliação envolve os seguintes itens (Conarq, 2011, p. 46):

- Dar condições com maior eficiência para a recuperação da informação e acesso.
- Facilitar a produção e o trâmite dos documentos.
- Racionalizar o uso do espaço físico destinado à guarda dos documentos na medida em que são eliminados e que são destituídos de valor secundário.
- Contribuir para a preservação dos documentos que possuem valor secundário (histórico, probatório ou informativo), garantindo assim o acesso e a pesquisa ao acervo.
- Elaboração e atualização da tabela de temporalidade de documentos.

Para que os itens expostos sejam alcançados, alguns procedimentos devem ser utilizados na análise de documentos, sendo eles (Conarq, 2011, p. 46):

- Análise da estrutura administrativa, competências, funções e atividades do setor/área que terá a documentação avaliada;
- Verificação da produção e do fluxo documental trâmites utilizados pelo setor/área analisado;
- Identificação de valores dos documentos (administrativo, legal ou fiscal) ou (histórico, probatório ou informativo);
- Definição dos prazos de guarda nas fases e a destinação final dos documentos analisados (eliminação ou guarda permanente), com base na tabela de temporalidade aplicada (área-meio e área-fim) e apontar atualizações necessárias.

Tendo apresentado as principais orientações dadas pelo Conarq referentes ao conceito de temporalidade, vale abordarmos o tema da taxonomia, Isad e Nobrade.

3.5 Taxonomia, Isad(G) e Nobrade

A taxonomia é um importante complemento às atividades de classificação anteriormente apresentadas. Com ela, é possível aumentar a efetividade de rotinas e técnicas desenvolvidas para recuperação de informações arquivísticas.

A proposta da taxonomia envolve a criação de diferentes descritores (palavras-chave) com vista a facilitar a recuperação, conferindo uma visão diferenciada do vínculo arquivístico. Com ela, são criados novos pontos de acesso para a busca e a recuperação da informação. Ela também torna detectável o ponto de chegada do acesso a repositórios de documentos confiáveis, suportados pela legislação vigente e por ferramentas de sistemas de gestão arquivística de documentos (Sigad).

> **Importante!**
> A taxonomia atende a uma demanda criada pelo crescimento do registro do acervo arquivístico nas organizações. Ferramentas e métodos que facilitem o trabalho com arquivos são importantíssimos porque esses acervos têm se mostrado essenciais para a tomada de decisões estratégicas.

Para melhor compreensão do tema, podemos considerar que a taxonomia é uma estrutura de termos organizados em camadas. O critério dessa estruturação é hierárquico, sendo específico para cada contexto particular, de modo a atender necessidades de classificação e indexação. É, portanto, utilizada em contextos delimitados.

A taxonomia, como complemento ao processo de classificação, tende a facilitar a identificação, a localização e o acesso de informações arquivísticas armazenadas em repositórios de documentos confiáveis. Pode, então, ser considerada um instrumento para classificação de documentos de arquivos que permite a classificação, a alocação, a recuperação e a troca de informações. Isso tudo em um sistema diretamente relacionado com as áreas de trabalho presentes no organograma funcional das organizações. A grande vantagem que oferece é garantir acesso mais rápido aos documentos e informações necessários ao processo decisório, estratégico para qualquer organização. Esse processo pode ter como base o plano de classificação de documentos adotado internamente.

Bräscher e Carlan (2010) alertam para a diferença entre classificação e taxonomia, muitas vezes consideradas como o mesmo estágio, o que não representa a realidade. Os autores consideram que a taxonomia é um elemento auxiliar à gestão do conhecimento e à organização e à recuperação da informação, algo diverso da proposta de plano de classificação. Nessa linha de raciocínio, os autores, além de pontuar essa diferenciação entre plano de classificação e taxonomia, propõem para esta última uma metodologia de construção e utilização.

De acordo com Bräscher e Carlan (2010), o desenvolvimento da taxonomia deve estar pautado nos seguintes pontos:

- classificar o documento conforme o plano de classificação de documentos de arquivo;
- identificar no primeiro ou no segundo nível de termos da taxonomia a área utilizada na classificação dos documentos;
- utilizar os termos dos diversos níveis da taxonomia como descritores (termos de indexação) em complemento à classificação dos documentos; e
- verificar a coerência da classificação combinada com a indexação nas dimensões funcionais e temáticas, respectivamente com os documentos.

Seguindo o fio condutor proposto, a taxonomia é um instrumento similar ao uso de metadados, pois coloca em um universo particular um conjunto de documentos que pode atender a diferentes critérios de classificação em dada estrutura organizacional.

De acordo com o Conarq (2006, p. 7), "a normalização da descrição arquivística em nível internacional tomou grande impulso no final da década de 1980". As necessidades de normalização impostas pelo uso de computadores, num momento em que os arquivos eram cada vez mais utilizados, já demonstravam que essa era uma aspiração antiga. Nesse período, então, os progressos normalizadores da área da biblioteconomia aceleraram, e as vantagens alcançadas ficaram muito aparentes, quando comparadas a trabalhos que se baseavam em procedimentos técnicos comuns. Os Estados Unidos e a Inglaterra já contavam com trabalhos direcionados no estabelecimento de normas de descrição, mas foi no Canadá que se iniciou a elaboração de normas nacionais. Os canadenses tiveram o patrocínio do National Council on Archives/Conseil National des Archives, e foi feita, então, uma proposta ao Conselho Internacional de Arquivos (CIA), em 1988: a criação de normas internacionais de descrição (Conarq, 2006).

Para saber mais

O Conarq disponibiliza para *download* a Coletânea da Legislação Arquivística Brasileira e correlata, atualizada em dezembro de 2017.

CONARQ – Conselho Nacional de Arquivos. Disponível em: <http://www.conarq.arquivonacional.gov.bl6r/>. Acesso em: 20 nov. 2019.

No ano de 1989, em Paris, realizou-se uma reunião com especialistas de diversos países. Como resultado da reunião, criou-se uma comissão específica para, no âmbito do CIA, realizar essa tarefa. O Canadá foi de suma importância nesse processo, em tal grau que os dois primeiros secretários-executivos da comissão *ad hoc* e, na sequência, do Comitê de Normas de Descrição (CND) foram os canadenses Hugo Stibbe e Kent Haworth.

Em 1990, na Alemanha, ocorreu a primeira reunião da Comissão, tendo comparecido especialistas de Canadá, Espanha, Estados Unidos, França, Inglaterra, Malásia, Portugal e Suécia. Foi incluído, ainda, um representante da Austrália. O encontro rendeu discussões sobre uma declaração de princípios envolvendo a descrição arquivística, num esforço de atender a necessidades técnicas diversas.

Em 1994, foi elaborada a norma para descrição de documentos arquivísticos, a *General International Standard of Archival Description*, conhecida como Isad(G) ou, em português, Norma Geral Internacional de Descrição Arquivística (International Council on Archives, 1994). Esse foi o primeiro trabalho representativo da Comissão. A Isad(G) englobava documentos de todo tipo e era respaldada por diversos procedimentos metodológicos que já haviam sido implementados. Ela também definia inúmeros elementos de descrição para o devido registro de informações, recuperadas de forma tradicional.

Em 1996, ocorreu o lançamento da norma *International Standard Archival Authority Record for Corporate Bodies, Persons and Families*, a ISAAR (CPF), a qual complementava a norma anterior, "regulando a descrição do produtor, entidade fundamental para o contexto dos documentos descritos" (Conarq, 2006, p. 7).

Na sequência, aprofundaremos a exposição das normas Isad(G) e Nobrade.

3.5.1 Norma Internacional de Descrição Arquivística – Isad(G)

De acordo com o Conarq (2000, p. VIII),

> A Comissão ad hoc de Normas de Descrição que desenvolveu a ISAD(G) tornou-se um comitê permanente no Congresso Internacional de Arquivos de Pequim, China, em 1996. O atual Comitê de Normas de Descrição encarregou-se da revisão da

ISAD(G) (Ottawa, 1994) como tarefa prioritária de seu programa de trabalho para o quatriênio 1996-2000.

A segunda edição da Isad(G) foi resultado do processo de revisão, que fora anunciado no prefácio da edição de 1994, onde era previsto um ciclo revisional de cinco anos. O primeiro anúncio à comunidade arquivística internacional, objetivando oferecer comentários para a revisão, foi realizado no início de 1998. Foram remetidas cartas para todos os membros institucionais e associativos do Conselho Internacional de Arquivos (CIA). Houve a divulgação eletrônica no *site* do CIA. O prazo final para os comentários foi instituído para 15 de setembro de 1998, com a expectativa de se iniciar o trabalho de revisão na segunda reunião plenária do Comitê.

No Brasil, a Isad(G) não era conhecida e teve sua primeira tradução para o português pela Associação Portuguesa de Bibliotecários, Arquivistas e Documentalistas. A primeira edição foi publicada sob responsabilidade do Arquivo Nacional, em 1998, o que promoveu sua discussão e sua revisão.

Atualmente, a Isad(G) é vista como um trabalho extenso, composto de 122 páginas muito bem-elaboradas. Neste nosso estudo, não temos como pretensão o aprofundamento da norma, mas nos interessa apresentar seus principais pontos:

Conforme o Conarq (2000, p. 11), as regras gerais de descrição arquivística dizem respeito a um processo que tem como propósitos:

a. assegurar a criação de descrições consistentes, apropriadas e autoexplicativas;
b. facilitar a recuperação e a troca de informação sobre documentos arquivísticos;
c. possibilitar o compartilhamento de dados de autoridade; e
d. tornar possível a integração de descrições de diferentes arquivos num sistema unificado de informação

O Conarq (2000, p. 12-13) também registra as sete áreas de informação descritiva, quais sejam:

1. Área de identificação (destinada à informação essencial para identificar a unidade de descrição);
2. Área de contextualização (destinada à informação sobre a origem e custódia da unidade de descrição);
3. Área de conteúdo e estrutura (destinada à informação sobre o assunto e organização da unidade de descrição);
4. Área de condições de acesso e de uso (destinada à informação sobre a acessibilidade da unidade de descrição);
5. Área de fontes relacionadas (destinada à informação sobre fontes com uma relação importante com a unidade de descrição);
6. Área de notas (destinada à informação especializada ou a qualquer outra informação que não possa ser incluída em nenhuma das outras áreas);
7. Área de controle da descrição (destinada à informação sobre como, quando e por quem a descrição arquivística foi elaborada).

Os elementos essenciais para o intercâmbio internacional de informação descritiva são:

a. código de referência;
b. título;
c. produtor;
d. data(s);
e. dimensão da unidade de descrição; e
f. nível de descrição. (Conarq, 2000, p. 12-13)

A estrutura apresentada deveria estar em consonância com as normas nacionais. As normas de descrição arquivística são elaboradas com base nos princípios teóricos aceitos, como o princípio de respeito aos fundos.

O fundo constitui o nível mais geral de descrição; as partes constituem níveis subsequentes, cuja descrição, com frequência, só é plenamente significativa quando vista no contexto da totalidade do fundo. Assim, pode existir uma descrição no nível do fundo, no nível da série, no nível do dossiê/processo e/ou uma descrição no nível do item. Níveis intermediários, tais como seções ou subséries, podem ocorrer. (Conarq, 2000, p. 11)

A Isad(G) também é composta de um conjunto de termos associados às regras gerais. Nesse sentido, faz-se a descrição multinível, que consiste em uma técnica de descrição para as regras, compreendendo a soma de todas as descrições, que, ligadas em uma hierarquia, representam o fundo e as partes para as quais foram designadas. As regras para descrição multinível e seus respectivos objetivos são estabelecidos pelo Conarq (2000, p. 17-18).

2.1 DESCRIÇÃO DO GERAL PARA O PARTICULAR

Objetivo:

Representar o contexto e a estrutura hierárquica do fundo e suas partes componentes.

Regra:
No nível do fundo, dê informação sobre ele como um todo. Nos níveis seguintes e subsequentes, dê informação sobre as partes que estão sendo descritas. Apresente as descrições resultantes numa relação hierárquica entre a parte e o todo, procedendo do nível mais geral (fundo) para o mais particular.

2.2 INFORMAÇÃO RELEVANTE PARA O NÍVEL DE DESCRIÇÃO

Objetivo:
Representar com rigor o contexto e o conteúdo da unidade de descrição.

Regra:
Forneça apenas a informação apropriada para o nível que está sendo descrito. Por exemplo, não forneça informações detalhadas sobre dossiês/processos se a unidade de descrição for um fundo; não forneça a história administrativa de um departamento inteiro se o produtor da unidade de descrição for uma divisão ou uma seção.

2.3 RELAÇÃO ENTRE DESCRIÇÕES

Objetivo:
Tornar explícita a posição da unidade de descrição na hierarquia.

Regra:
Relacione, se aplicável, cada descrição à sua mais próxima e superior unidade de descrição, e identifique o nível de descrição.

2.4 NÃO REPETIÇÃO DE INFORMAÇÃO

Objetivo:
Evitar redundância de informação em descrições hierarquicamente relacionadas.

Regra:
No mais alto nível apropriado, dê a informação que é comum às partes componentes. Não repita em um nível inferior informação que já tenha sido dada num nível superior.

3.5.2 Norma Brasileira de Descrição Arquivística (Nobrade)

Um dos principais objetivos do uso de arquivos é o acesso aos documentos arquivísticos. Para que os cidadãos e o público tenham acesso aos documentos guardados pelos arquivos públicos, é imprescindível que se faça a descrição e a avaliação arquivísticas. Com isso, o controle e a descrição do acervo podem habilitar o direito de acesso à informação para os usuários.

Logicamente, a Nobrade não é a simples tradução das normas Isad(G). Ela tem como principal objetivo a adaptação das normas internacionais ao contexto nacional, levando em consideração as preocupações importantes do Comitê de Normas de Descrição do Conselho Internacional de Arquivos (CDS/CIA), de foro nacional. Segundo Farias e Roncaglio (2015, p. 2), existem poucas publicações no Brasil que discutem a descrição arquivística em uma abordagem científica. Normalmente, o que há são publicações de caráter técnico, mas traduzidos e relacionados a conjuntos de normas internacionais publicadas pelo Conarq.

Autores como Beyea (2007, p. 35, citado por Farias e Roncaglio, 2015, p. 2) argumentam que a divulgação das normas "é essencial para encorajar a participação no desenvolvimento e implementação de normas na prática arquivística".

Esses autores observam que, com o uso crescente das normas, principalmente da Nobrade, haverá maiores possibilidades de contribuições, tanto para os principais aspectos práticos da atividade arquivística, como a compilação de informações mais consistentes e baseadas no aprofundamento de pesquisas sobre o acervo, quanto nos aspectos relativos às "teorias da Arquivologia, que envolvem o desenvolvimento de estudos que auxiliem nas investigações e possam vir a dar sua contribuição para aperfeiçoamento nos resultados da descrição arquivística" (Farias; Roncaglio, 2015, p. 2). Ter maiores conhecimentos sobre as políticas arquivísticas, principalmente no que concerne à organização dos arquivos, pode clarificar para as instituições o entendimento das normas de descrição.

Camargo e Bellotto (1996), Bellotto (2004) e Llanes-Padron (2016, p.11), entre outros autores, julgam a descrição arquivística como uma atividade indispensável para a respectiva organização, promovendo o controle e habilitando o acesso ao acervo institucional.

> **Importante!**
> A descrição arquivística possibilita aos usuários de arquivos o acesso intelectual às informações sobre o acervo e, na sequência, o acesso aos documentos.

Além da organização e do controle do acervo, possibilitados pela descrição arquivística, são habilitadas a elaboração de instrumentos de pesquisa, por meios impressos e/ou eletrônicos, com o uso de guias e catálogos, por exemplo, para a divulgação do acervo e o acesso às informações sobre os respectivos conjuntos documentais.

A utilização de padrões nacionais ou internacionais de representação da informação arquivística favorece o intercâmbio de informações entre as organizações e as descrições multinível dos conjuntos de documentos. Com isso, as informações tendem a ser mais precisas e consistentes, havendo assim maior profissionalismo da atividade de descrição e melhorando o desempenho das atividades dos arquivos, dos arquivistas e dos usuários (Farias; Roncaglio, 2015).

Conforme o Conarq (2006), os acontecimentos que influenciaram o surgimento da Nobrade, dispostos em ordem cronológica, foram:

- na década de 1980, computadores eram usados com arquivos e seu uso seguia procedimentos técnicos comuns na biblioteconomia, impulsionando a normalização da descrição arquivística;
- em 1988, fez-se a primeira proposta relativa ao tema, no Canadá, criando o Conselho Internacional de Arquivos (CIA);
- na Alemanha, em 1990, foi criada uma comissão;
- foram divulgados e discutidos os princípios da descrição arquivística no Congresso Internacional de Arquivos de Montreal;
- em 1994, foi criada a Isad(G), com a definição do universo de elementos de descrição para registro de informações tradicionalmente recuperadas;

- ocorreu, em 1996, o Congresso Internacional de Arquivos de Pequim (CIA), com o Comitê de Normas de Descrição (CND);
- realizou-se a primeira revisão da Isad(G), e o Brasil recebeu convite para participação no CND.

De acordo com o Conarq (2006), as normas para descrição de documentos arquivísticos visam:

- garantir descrições consistentes, apropriadas e autoexplicativas;
- facilitar o acesso e intercâmbio de informações em âmbito nacional e internacional;
- garantir maior qualidade do trabalho técnico;
- gerar economia e recursos aplicados, bem com otimizar informações recuperadas;
- agilizar o uso de instrumentos de pesquisa que estruturam de maneira semelhante as informações.

Uma das características da Nobrade é voltar-se para a descrição de documentos em fase permanente. Além disso, nas fases correntes e intermediárias, pode ser usada na descrição. Essa norma também busca interferir minimamente na forma final em que são apresentadas as descrições, sendo fundamentais, apesar de não ter como interesse principal os sistemas de descrição que são automatizados.

De acordo com o Conarq (2000, p. 12), a "norma tem como pressupostos básicos o respeito aos fundos e a descrição multinível". Para isso, são considerados seis níveis de descrição, que são:

1. acervo da entidade custodiadora (nível 0);
2. fundo ou coleção (nível 1);
3. seção (nível 2);
4. série (nível 3);
5. dossiê ou processo (nível 4);
6. item documental (nível 5).

Observamos, contudo, que não é necessário implementar todos os níveis.

As normas e diretrizes foram utilizadas para elaborar os fundamentos da Nobrade. Entre essas normas e diretrizes, estão as emitidas pela Associação Brasileira de Normas Técnicas (ABNT) – NBR 6023, 6029 e 10520 –, pela American Library Association (ALA), o Conselho Internacional de Arquivos (CIA) e também a Isad(G). Em seu arcabouço, há um glossário com base no *Dicionário Brasileiro de Terminologia Arquivística*.

A Nobrade é composta de oito áreas, conforme indicado pelo Conarq (2006, p. 18):

> (1) Área de identificação, onde se registra informação essencial para identificar a unidade de descrição;
>
> (2) Área de contextualização, onde se registra informação sobre a proveniência e custódia da unidade de descrição;
>
> (3) Área de conteúdo e estrutura, onde se registra informação sobre o assunto e a organização da unidade de descrição;
>
> (4) Área de condições de acesso e uso, onde se registra informação sobre o acesso à unidade de descrição;
>
> (5) Área de fontes relacionadas, onde se registra informação sobre outras fontes que têm importante relação com a unidade de descrição;
>
> (6) Área de notas, onde se registra informação sobre o estado de conservação e/ou qualquer outra informação sobre a unidade de descrição que não tenha lugar nas áreas anteriores;
>
> (7) Área de controle da descrição, onde se registra informação sobre como, quando e por quem a descrição foi elaborada;

(8) Área de pontos de acesso e descrição de assuntos, onde se registra os termos selecionados para localização e recuperação da unidade de descrição.

> **Preste atenção!**
> Unidade de descrição é o "Documento ou conjunto de documentos, sob qualquer forma física, tratados como uma unidade, e que, como tal, serve de base a uma descrição particularizada" (Conarq, 2006, p. 18).

Há algumas regras a serem cumpridas em cada área. São 28 os "elementos de descrição" distribuídos nas oito áreas. "Sete elementos são obrigatórios: código de referência, título, data, nível de descrição, dimensão e suporte, nome dos produtores e condições de acesso" (Conarq, 2000, p. 18).

Síntese

Neste capítulo, detalhamos como devem ser produzidos documentos e informações sigilosas. Explicamos como se procede ao arquivamento, à classificação e à tabela de temporalidade. Cumprindo todos esses passos, garantimos de alguma forma a criação de repositórios de documentos confiáveis (RDC), proporcionando uma taxonomia direcionadora, de acordo com recomendações da Nobrade. Essas recomendações são de fundamental importância para ensejar maior qualidade aos repositórios criados durante o processo de produção de documentos garantidos e sigilosos.

Questões para revisão

1. Após a classificação e a tramitação, o documento deve ser, então, arquivado. Para isso, são seguidas algumas etapas. Considerando essas operações, assinale a alternativa que contém o nome dado à guarda do documento no local devido, de acordo com a classificação dada.
   a) Inspeção.
   b) Ordenação.
   c) Arquivamento.
   d) Retirada e controle (empréstimo).
   e) Descrição.

2. Considerando a tabela de temporalidade, em qual campo há conjuntos documentais produzidos e recebidos, sendo distribuídos hierarquicamente, de acordo com as funções e as atividades desempenhadas pela instituição?
   a) Assunto.
   b) Prazos de guarda.
   c) Destinação final.
   d) Observações.
   e) Código.

3. Na gestão dos documentos, considera-se a avaliação uma atividade essencial, pois ocorre à medida que são definidos os prazos de guarda da documentação. Marque com V as alternativas verdadeiras e com F as falsas para os itens a seguir, considerando o seguinte questionamento: em quais dessas situações se utiliza a tabela de temporalidade no processo de avaliação?
   ( ) Dar condições com maior eficiência para a recuperação da informação e acesso.
   ( ) Facilitar a produção e o trâmite dos documentos.

( ) Racionalizar o uso do espaço físico destinado à guarda dos documentos à medida que eles são eliminados e que são destituídos de valor secundário.
( ) Verificação da produção e do fluxo documental, trâmites utilizados pelo setor/área analisado.
( ) Identificação de valores dos documentos: administrativo, legal ou fiscal; ou histórico, probatório ou informativo.

a) V, V, F, V, V.
b) F, V, V, V, V.
c) V, V, V, F, F.
d) V, V, V, V, V.
e) F. F, V, V, V.

4. De acordo com o Conarq (2001), os procedimentos para classificar os documentos são dois. Descreva-os.

5. Bräscher e Carlan (2010) diferenciam classificação e taxonomia, muitas vezes consideradas o mesmo estágio. Eles propõem para a taxonomia uma metodologia de construção e utilização. Para eles, o desenvolvimento dessa taxonomia deve estar apoiado em quatro pontos, de acordo com o material disponibilizado. Descreva dois desses pontos.

Questão para reflexão

1. São previstos inúmeros procedimentos visando à classificação, mas quando atuamos na classificação de documentos, podem ocorrer falhas. Nesse contexto, analise eventuais pontos falhos ou ausências que podem ser observadas durante a leitura e a reflexão sobre o texto das leis assinaladas.

4

LEGISLAÇÃO DE SUPORTE DE DOCUMENTOS E INFORMAÇÕES SIGILOSAS

Conteúdos do capítulo
- Lei de Acesso à Informação (LAI).
- Classificação da LAI.
- Acesso à informação.
- Meios eletrônicos.
- Perspectivas futuras.

Após o estudo deste capítulo, você será capaz de:
1. compreender a Lei de Acesso à Informação;
2. analisar a classificação da LAI;
3. entender o acesso à informação;
4. identificar os meios eletrônicos;
5. reconhecer quais são as perspectivas futuras.

Há inúmeras razões para a crescente aceitação do direito à informação. Infelizmente muito tempo se levou para que uma fundamentação tão importante para a democracia tivesse seu reconhecimento como um direito humano generalizado. Até então, o que existia era a ideia de que os órgãos agiam como guardiões dos bens públicos. A Lei de Acesso à Informação (LAI) contribuiu para a reflexão sobre o fato de o governo ter o dever de servir ao povo.

A implementação da referida lei, em nosso país, apontou para as consequências sociais dessa temática. Finalmente estamos abandonando a cultura do segredo, que prevaleceu na gestão pública. Agora, há mais conscientização da população sobre o fato de as informações públicas pertencerem aos cidadãos e cidadãs, cabendo ao Estado fornecê-las, de forma compreensível, no intuito de servir eficazmente às demandas da sociedade.

A publicação da Lei de Acesso à Informação significou um importante passo para a consolidação democrática do Brasil e também para o sucesso das ações de prevenção da corrupção no país. Por tornar possível uma maior participação popular e o controle social das ações governamentais, o acesso da sociedade às informações públicas proporciona uma melhoria na gestão pública. A LAI influencia diretamente na mudança de paradigmas, principalmente do que está ligado à transparência pública, onde está estabelecido que o acesso à informação é regra e o sigilo é apenas exceção.

4.1 Histórico da legislação

Não são tão recentes as preocupações com as informações sigilosas, principalmente no que se refere à legislação de suporte inerentes. Corroborando com essa situação, em 3 de maio de 2010, durante as celebrações do Dia Mundial da Liberdade de Imprensa, a Organização das Nações Unidas (ONU) solicitou às nações a edição das leis de acesso à informação.

Na data, houve a defesa de que os Estados nacionais devem prover as informações para que as pessoas possam ter acesso àquelas que interferem em suas vidas. E "essa transparência é essencial para alcançarmos o bom governo" (Brasil, 2010).

Iniciamos este capítulo e contextualizamos a temática da legislação de suporte de documentos, expondo um quadro em que se condensam alguns eventos leis no âmbito mundial.

Quadro 4.1 – Quadro demonstrativo dos tratados internacionais que garantem o direito de acesso à informação

Tratado Internacional	Ano	Artigo	Mandamento
Declaração Universal dos Direitos Humanos (ONU)	1948	XIX	Todo ser humano tem direito à liberdade de opinião e de expressão; esse direito inclui a liberdade de ter opiniões sem sofrer interferências e de procurar, receber e divulgar informações e ideia por quaisquer meios, sem limite de fronteiras.
Pacto Internacional dos Direitos Civis e Políticos (ONU)	1966	19	Toda e qualquer pessoa tem direito à liberdade de opinião e de expressão; esse direito incluiu a liberdade de ter opiniões sem sofrer interferências e de procurar, receber e divulgar informações e ideias por quaisquer meios, sem limite de fronteiras.
Convenção Americana sobre Direitos Humanos (OEA)	1969	13	Toda pessoa tem direito à liberdade de pensamento e de expressão. Esse direito compreende a liberdade de buscar, receber e difundir informações e ideias de toda natureza, sem consideração de fronteiras, verbalmente ou por escrito, ou em forma impressa ou artística, ou por qualquer outro processo de sua escolha.

(continua)

(Quadro 4.1 – conclusão)

Tratado Internacional	Ano	Artigo	Mandamento
Declaração Interamericana de Princípios de Liberdade de Expressão (OEA)	2000	4	O acesso à informação em poder do Estado é um direito fundamental do indivíduo. Os Estados estão obrigados a garantir o exercício desse direito. Este princípio só admite limitações excepcionais que devem estar previamente estabelecidas em lei para o caso de existência de perigo real e iminente que ameace a segurança nacional em sociedades democráticas.
Convenção das Nações Unidas contra a Corrupção (ONU)	2003	10 e 13	Cada Estado-parte deverá [...] tomar as medidas necessárias para aumentar a transparência em sua administração pública [...] procedimentos ou regulamentos que permitam aos membros do público em geral obter [...] informações sobre a organização, funcionamento e processos decisórios de sua administração pública [...].

Fonte: Linhares Neto, 2015, p. 27.

Para tratar das legislações no panorama nacional. Por isso, no Quadro 4.2, listamos os atos normativos compilados nos Cadernos de Legislação da Abin, publicação da Agência Brasileira de Inteligência. Trata-se de "uma publicação seriada que reúne a legislação federal e a marginalia brasileira, acompanhada do respectivo texto integral transcrito tal qual a fonte original, em ordem cronológica, sem hierarquia dos atos, com atualização sistemática, disponível aos usuários por meio da intranet" (Abin, 2017, p. 7). Nessa publicação está registrado, ainda, que as "retificações, alterações e revogações estão inseridas no texto do ato original e, ao final de cada um, são citadas as fontes de sua origem" (Abin, 2017, p. 7).

Quadro 4.2 – Legislação e atos normativos sobre proteção do conhecimento sensível e sigiloso

Legislação	Descrição
Decreto-Lei n. 2.848, de 7 de dezembro de 1940	Código Penal.
Decreto-Lei n. 3.689, de 3 de outubro de 1941	Código de Processo Penal.
Decreto-Lei n. 5.452, de 1º de maio de 1943	Aprova a Consolidação das Leis do Trabalho.
Lei n. 5.869, de 11 de janeiro de 1973	Institui o Código de Processo Civil.
Lei n. 6.538, de 22 de junho de 1978	Dispõe sobre os Serviços Postais.
Lei n. 7.170, de 14 de dezembro de 1983	Define os Crimes contra a Segurança Nacional, a Ordem Política e Social, estabelece seu Processo e Julgamento e dá outras Providências.
Constituição da República Federativa do Brasil de 1988	Constituição da República Federativa do Brasil.
Lei n. 8.027, de 12 de abril de 1990	Dispõe sobre normas de Conduta dos servidores públicos civis da União, das Autarquias e das Fundações Públicas, e dá outras providências.
Lei n. 8.112, de 11 de dezembro de 1990	Dispõe sobre o regime jurídico dos servidores públicos civis da União, das autarquias e das fundações públicas federais.
Lei n. 8.159, de 8 de janeiro de 1991	Dispõe sobre a Política Nacional de Arquivos Públicos e Privados e dá outras providências.
Lei n. 8.429, de 2 de junho de 1992	Dispõe sobre as Sanções Aplicáveis aos Agentes Públicos nos Casos de Enriquecimento Ilícito no Exercício de Mandato, Cargo, Emprego ou Função na Administração Pública Direta, Indireta ou Fundacional e dá outras Providências.
Lei n. 8.666, de 21 de junho de 1993	Regulamenta o art. 37, inciso XXI, da Constituição Federal, institui normas para licitações e contratos da Administração Pública e dá outras providências.

(continua)

(Quadro 4.2 – continuação)

Legislação	Descrição
Decreto n. 1.171, de 22 de junho de 1994	Aprova o Código de Ética Profissional do Servidor Público Civil do Poder Executivo Federal.
Lei n. 9.279, de 14 de maio de 1996	Regula direitos e obrigações relativos à propriedade industrial.
Lei n. 9.296, de 24 de julho de 1996	Regulamenta o inciso XII, parte final, do art. 5º da Constituição Federal.
Lei n. 9.472, de 16 de julho de 1997	Dispõe sobre a organização dos serviços de telecomunicações, a criação e funcionamento de um órgão regulador e outros aspectos institucionais, nos termos da Emenda Constitucional n. 8, de 1995.
Lei n. 9.883, de 7 de dezembro de 1999	Institui o Sistema Brasileiro de Inteligência, cria a Agência Brasileira de Inteligência Abin, e dá outras providências.
Decreto n. 3.505, de 13 de junho de 2000	Institui a Política de Segurança da Informação nos órgãos e entidades da Administração Pública Federal.
Lei n. 9.983, de 14 de julho de 2000	Altera o Decreto-Lei n. 2.848, de 7 de dezembro de 1940 – Código Penal e dá outras providências.
Exposição de motivos n. 37, de 18 de agosto de 2000	Código de Conduta da Alta Administração Federal.
Lei Complementar n. 104, de 10 de janeiro de 2001	Altera dispositivos da Lei n. 5.172, de 25 de outubro de 1966 – Código Tributário Nacional.
Lei Complementar n. 105, de 10 de janeiro de 2001	Dispõe sobre o sigilo das operações de instituições financeiras e dá outras providências.
Portaria n. 8 MP, de 23 de janeiro de 2001	Os órgãos e entidades da Administração Pública Federal direta, autárquica e fundacional que tenham condições de proporcionar experiência prática na linha de formação, podem aceitar, como estagiários, pelo prazo máximo de vinte e quatro meses, alunos regularmente matriculados e que venham frequentando, efetivamente, cursos de educação superior, de ensino médio, de educação profissional de nível médio ou de educação especial, vinculados à estrutura do ensino público e particular, oficiais ou reconhecidos.

(Quadro 4.2 – continuação)

Legislação	Descrição
Medida Provisória n. 2.186-16, de 23 de agosto de 2001	Regulamenta o inciso II do § 1 e o § 4° do art. 225 da Constituição, os arts. 1°, 8°, alínea "j", 10, alínea "c", 15 e 16, alíneas 3 e 4 da Convenção sobre Diversidade Biológica, dispõe sobre o acesso ao patrimônio genético, a proteção e o acesso ao conhecimento tradicional associado, a repartição de benefícios e o acesso à tecnologia e transferência de tecnologia para sua conservação e utilização, e dá outras providências.
Decreto n. 4.073, de 3 de janeiro de 2002	Regulamenta a Lei n. 8.159, de 8 de janeiro de 1991, que dispõe sobre a política nacional de arquivos públicos e privados.
Lei n. 10.406, de 10 de janeiro de 2002	Institui o Código Civil.
Decreto n. 4.376, de 13 de setembro de 2002	Dispõe sobre a organização e o funcionamento do Sistema Brasileiro de Inteligência, instituído pela Lei n. 9.883, de 7 de dezembro de 1999, e dá outras providências.
Decreto n. 4.915, de 12 de dezembro de 2003	Dispõe sobre o Sistema de Gestão de Documentos de Arquivo (Siga), da administração pública federal, e dá outras providências.
Lei n. 10.973, de 2 de dezembro de 2004	Dispõe sobre incentivos à inovação e à pesquisa científica e tecnológica no ambiente produtivo e dá outras providências.
Decreto n. 5.483, de 30 de junho de 2005	Regulamenta, no âmbito do Poder Executivo Federal, o art. 13 da Lei n. 8.429, de 2 de junho de 1992, institui a sindicância patrimonial e dá outras providências.
Decreto n. 5.563, de 11 de outubro de 2005	Regulamenta a Lei n. 10.973, de 2 de dezembro de 2004, que dispõe sobre incentivos à inovação e à pesquisa científica e tecnológica no ambiente produtivo, e dá outras providências.
Portaria n. 42-CH/GSIPR, de 17 de agosto de 2009	Institui, no âmbito da Agência Brasileira de Inteligência (Abin), o Programa Nacional de Proteção do Conhecimento Sensível (PNPC) e dá outras providências.

(Quadro 4.2 – conclusão)

Legislação	Descrição
Lei n. 12.527, de 18 de novembro de 2011	Regula o acesso a informações previsto no inciso XXXIII do art. 5°, no inciso II do § 3° do art. 37 e no art. 216 da Constituição Federal; altera a Lei n. 8.112, de 11 de dezembro de 1990; revoga a Lei n. 11.111, de 5 de maio de 2005, e dispositivos da Lei n. 8.159, de 8 de janeiro de 1991; e dá outras providências.
Decreto n. 7.724, de 16 de maio de 2012	Regulamenta a Lei n. 12.527, de 18 de novembro de 2011, que dispõe sobre o acesso a informações previsto no inciso XXXIII do caput do art. 5°, no inciso II do § 3° do art. 37 e no § 2° do art. 216 da Constituição.
Decreto n. 7.845, de 14 de novembro de 2012	Regulamenta procedimentos para credenciamento de segurança e tratamento de informação classificada em qualquer grau de sigilo, e dispõe sobre o Núcleo de Segurança e Credenciamento.
Instrução Normativa n. 2-CH/GSIPR, de 5 de fevereiro de 2013	Dispõe sobre o credenciamento de segurança para o tratamento de informação classificada, em qualquer grau de sigilo, no âmbito do Poder Executivo Federal.
Resolução CMRI n. 2, de 30 de março de 2016	Dispõe sobre a publicação do rol de informações desclassificadas, nos termos do art. 45, inciso I, do Decreto n. 7.724, de 16 de maio de 2012.
Resolução CMRI n. 3, de 30 de março de 2016	Dispõe sobre o procedimento de revisão de ofício de informação classificada em grau de sigilo secreto e ultrassecreto de que trata o art. 47, inciso I, e art. 51 do Decreto n. 7.724, de 16 de maio de 2012.

Fonte: Adaptado de Abin, 2017.

As atividades que envolvem a arquivologia nas organizações encontram um suporte legal extenso, que tem como ponto de partida a Lei de Acesso à Informação, ou Lei n. 12.527/2011 (Brasil, 2011a), também conhecida como LAI. Algumas legislações, como a Lei n. 8.159 (Brasil, 1991), ajusta alguns procedimentos, ao passo que o Decreto n. 7.845 (Brasil, 2012) ajusta as considerações que podem ser efetivadas no que tange aos quesitos de segurança e privacidade de informações. Há, também, outras leis e recomendações internacionais que tratam do tema de forma diversificada, cada uma analisando aspectos pontuais. Para detalharmos essa temática, abordaremos de forma mais aprofundada algumas dessas leis e decretos no decorrer deste capítulo.

4.2 Lei de Acesso à Informação

As informações estão normalmente sob a guarda de órgãos e entidades públicas, e um direito humano fundamental é o acesso a elas. Esse direito é popularmente associado ao direito que toda pessoa tem de solicitar e obter informações. Desse modo, para garantir o livre fluxo de ideias, é imprescindível que os órgãos públicos propiciem aos cidadãos a obtenção das informações de interesse público.

O acesso à informação sob a guarda do Estado, via de regra, é público, e deve ser restringido somente em casos muito específicos, ou seja, a informação que é produzida, guardada, organizada e gerenciada pelo Estado em nome da sociedade é um bem público. Quando ocorre o acesso a essas informações, consolida-se democracia, fortalecendo a capacidade dos cidadãos de participar de forma mais efetiva do processo de tomada de decisões que os afetam.

Dois deveres fundamentais são impostos sobre os governos pelo direito de acesso à informação. Primeiramente, o governo tem o dever de aceitar pedidos de informação dos cidadãos e, consequentemente, respondê-los, disponibilizando quando solicitados os dados requisitados, permitindo aos interessados acesso aos documentos originais ou a cópias. O segundo dever dos órgãos e entidades públicas é o de divulgar as informações que são de interesse público, proativamente e de forma rotineira, independentemente de elas terem sido solicitadas. Portanto, o Estado deve ser, ao mesmo tempo, cumprir demandas de acesso a informações e antecipar-se no desenvolvimento de mecanismos e políticas de acesso à informação.

No Brasil, a aprovação da Lei de Acesso à Informação (LAI) garantiu ao cidadão o amplo acesso a todo e qualquer documento ou informação alcançados ou protegidos pelo Estado, desde que não tenham caráter pessoal e não sejam protegidos por sigilo. Essa lei é de cumprimento obrigatório e recai sobre todas as instituições governamentais, produzindo substanciais impactos na gestão pública. Para que seja efetivada a implementação, contudo, é exigida a adoção de diversas medidas.

De acordo com a Constituição Federal de 1988, em seu art. 37:

> "§ 3º A lei disciplinará as formas de participação do usuário na administração pública direta e indireta, regulando especialmente:
>
> [...]
>
> II – o acesso dos usuários a registros administrativos e a informações sobre atos de governo, observado o disposto no art. 5º, X e XXXIII. (Brasil, 1988)

No art. 216, em seu parágrafo 2º, diz-se: "cabem à administração pública, na forma da lei, a gestão da documentação governamental e as providências para franquear sua consulta a quantos dela necessitem" (Brasil, 1988).

> A Lei n. 12.527/2011 regulamenta o direito constitucional de acesso às informações públicas. Essa norma entrou em vigor em 16 de maio de 2012 e criou mecanismos que possibilitam, a qualquer pessoa, física ou jurídica, sem necessidade de apresentar motivo, o recebimento de informações públicas dos órgãos e entidades.

A Lei vale para os três Poderes da União, Estados, Distrito Federal e Municípios, inclusive aos Tribunais de Conta e Ministério Público. Entidades privadas sem fins lucrativos também são obrigadas a dar publicidade a informações referentes ao recebimento e à destinação dos recursos públicos por elas recebidos. (Brasil, 2019)

Para que os procedimentos previstos na lei assegurem o direito fundamental de acesso à informação, é necessário que algumas diretrizes sejam seguidas. Algumas delas são:

Art. 3º Os procedimentos previstos nesta Lei destinam-se a assegurar o direito fundamental de acesso à informação e devem ser executados em conformidade com os princípios básicos da administração pública e com as seguintes diretrizes:

> I – observância da publicidade como preceito geral e do sigilo como exceção;
> II – divulgação de informações de interesse público, independentemente de solicitações;
> III – utilização de meios de comunicação viabilizados pela tecnologia da informação;
> IV – fomento ao desenvolvimento da cultura de transparência na administração pública;
> V – desenvolvimento do controle social da administração pública. (Brasil, 2011a)

Na Figura 4.1, podemos ver os órgãos que estão sujeitos aos procedimentos descritos pela LAI, com o fim de garantir o acesso a informações previsto na Constituição Federal de 1988.

Figura 4.1 – Esferas administrativas sujeitas aos procedimentos descritos da LAI

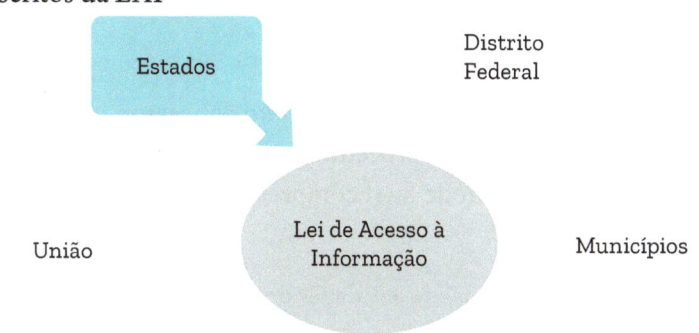

```
           Estados          Distrito
                            Federal


                    Lei de Acesso à
    União           Informação            Municípios
```

Fonte: Girão, 2016, p. 7.

Compõem, ainda, a lista de órgãos sujeitos a LAI as sociedades de economia mista, os órgãos públicos participantes da administração direta dos Poderes Executivo, Legislativo, incluindo as Cortes de Contas (Tribunal de Contas), e Judiciário e do Ministério Público, além das autarquias, as fundações e empresas públicas, e demais entidades controladas de forma direta ou indireta pela União, pelos estados, pelo Distrito Federal e pelos municípios.

As disposições da LAI também podem ser aplicadas às entidades privadas sem fins lucrativos, que podem receber pela realização de ações de interesse público. Falamos aqui daqueles recursos públicos advindos diretamente do orçamento ou provenientes de convênios, por meio de acordos, contratos de gestão, termos de parceria, subvenções sociais, ajustes ou outros dispositivos da mesma natureza.

Importante!

A LAI estabelece que a publicidade a que as organizações estão submetidas faz referência à parte dos recursos públicos recebidos.

> e a sua destinação. Isso não quer dizer que há prejuízo das prestações de contas a que essas organizações estejam obrigadas legalmente.

Portanto, o Estado deve garantir o direito de acesso à informação, franqueada mediante alguns procedimentos objetivos e ágeis, transparentes e em linguagem de fácil compreensão, conforme o art. 6º da LAI:

> Art. 6º Cabe aos órgãos e entidades do poder público, observadas as normas e procedimentos específicos aplicáveis, assegurar a:
> I – gestão transparente da informação, propiciando amplo acesso a ela e sua divulgação;
> II – proteção da informação, garantindo-se sua disponibilidade, autenticidade e integridade; e
> III – proteção da informação sigilosa e da informação pessoal, observada a sua disponibilidade, autenticidade, integridade e eventual restrição de acesso. (Brasil, 2011a)

4.2.1 Classificação da LAI

No art. 24 da LAI, está expresso:

> Art. 24. A informação em poder dos órgãos e entidades públicas, observado o seu teor e em razão de sua imprescindibilidade à segurança da sociedade ou do Estado, poderá ser classificada como ultrassecreta, secreta ou reservada.

Figura 4.2 – Classificação da informação

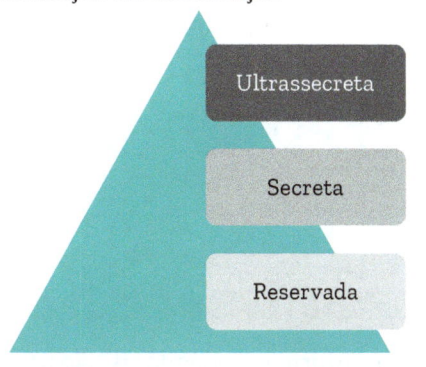

- Ultrassecreta
- Secreta
- Reservada

Fonte: Girão, 2016, p. 24.

De acordo com essa classificação, existem prazos máximos de restrição de acesso à informação, que passam a vigorar a partir da data em que foram produzidos, como mostra a Figura 4.3.

Figura 4.3 – Prazos máximos da restrição da informação

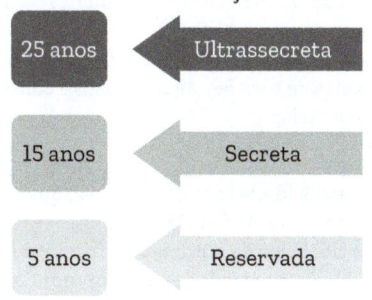

- 25 anos ← Ultrassecreta
- 15 anos ← Secreta
- 5 anos ← Reservada

Fonte: Girão, 2016, p. 25.

Para proceder à classificação da informação em determinado grau de sigilo, sempre deve ser observado o interesse público da referida informação. Então, utiliza-se o critério menos restrito possível, considerando-se a gravidade do risco ou possível dano à segurança da sociedade e do Estado, assim como o prazo máximo de restrição de acesso aplicado. De forma alternativa a esses prazos, as ocorrências de alguns eventos podem ser estabelecidas como termo final de restrição de acesso, unicamente se ocorrer anteriormente ao transcurso do prazo máximo de classificação.

> **Importante!**
> Se transcorrido o prazo de classificação da informação, ou seja, consumado o evento que defina seu termo final, essa informação se torna automaticamente de acesso público (Girão, 2016, p. 26).

Para classificar as informações sigilosas, são necessárias algumas competências, as quais são explicitadas na Figura 4.4.

Figura 4.4 – Competências para classificação de informação sigilosa

Grau ULTRASSECRETO
- Presidente da República;
- Vice-Presidente da República;
- Ministros de Estado e autoridades com as mesmas prerrogativas;
- Comandantes da Marinha, do Exército e da Aeronáutica;
- Chefes de missões diplomáticas e consulares permanentes no exterior.

Grau SECRETO
- As autoridades acima [citadas], que podem classificar como ULTRASSECRETO;
- Os titulares de autarquias, fundações ou empresas públicas e sociedades de economia mista; e

Grau RESERVADO
- As autoridades acima [citadas], que podem classificar como ULTRASSECRETO e SECRETO;
- As que exercem funções de direção, comando ou chefia, nível DAS 101.5, ou superior;
- As do Grupo-Direção e Assessoramento Superiores, ou de hierarquia equivalente, de acordo com a regulamentação específica de cada órgão ou entidade, observado o disposto nesta Lei.

Fonte: Girão, 2016, p. 27-28.

Em caso de necessidade, a qualificação prevista pode ser delegada pela autoridade responsável ou por agente público para classificar as informações como ultrassecreta e secreta, mesmo em missões no exterior. Apesar disso, é vedada a subdelegação.

Quando definida como grau de sigilo ultrassecreto, efetuada por Comandantes da Marinha, da Aeronáutica e do Exército ou pelos Chefes de Missões Diplomáticas e Consulares permanentes no exterior, a classificação de informação tem de ser ratificada pelos respectivos ministros de Estado, cumprindo-se os prazos previstos no regulamento.

De acordo com Girão (2016, p. 29), em todos os graus de sigilo, a classificação de informação tem de, obrigatoriamente, ser formalizada em decisão que deve conter, no mínimo:

- o assunto sobre o qual versa a informação;
- o fundamento da classificação;
- a indicação do prazo de sigilo, contado em anos, meses ou dias, ou do evento que defina o seu termo final;
- a identificação da autoridade que a classificou.

A classificação de qualquer informação deve ser reavaliada somente pela autoridade classificadora ou por outra autoridade, hierarquicamente superior, unicamente por meio de provocação ou de ofício. Esta autoridade também tem de obedecer aos prazos previstos em regulamento, objetivando sua desclassificação ou a redução do prazo de sigilo. Nessa reavaliação, devem, obrigatoriamente, ser examinadas a permanência das causas do sigilo e a probabilidade de estragos que porventura ocorram no acesso ou na divulgação dessa informação.

Caso ocorra a redução do prazo do sigilo da informação, o novo prazo de restrição deve manter a data da produção como termo inicial.

Além disso, deve haver a publicação anual na internet, em um *site* mantido pela autoridade máxima de cada órgão ou entidade, com vistas à divulgação de dados e informações administrativas, que contenham:

- rol das informações que tenham sido desclassificadas nos últimos 12 meses;
- rol de documentos classificados em grau de sigilo, com identificação para referência futura;
- relatório estatístico, contendo a quantidade de pedidos de informações recebidas, atendidas e indeferidas, além das informações genéricas sobre solicitantes. (Girão, 2016, p. 31)

4.2.2 Decreto n. 7.845

Ainda na abordagem sobre a Lei de Acesso à Informação, vale lembrar o Decreto n. 7.845/2012, inserido nela. Tal ordem, já em seu art. 1º, especifica como devem ser regulamentados os procedimentos para o credenciamento de segurança e o respectivo tratamento de informação classificada em qualquer grau de sigilo. Como disposto em Brasil (2012), isso vale no "âmbito do Poder Executivo federal, e dispõe sobre o Núcleo de Segurança e Credenciamento, conforme o disposto nos arts. 25, 27, 29, 35, § 5º, e 37 da Lei n. 12.527, de 18 de novembro de 2011".

No art. 2º desse mesmo decreto são expressos alguns termos que merecem destaque:

> Art. 2º Para os efeitos deste Decreto, considera-se:
>
> I – algoritmo de Estado – função matemática utilizada na cifração e na decifração, desenvolvido pelo Estado, para uso exclusivo em interesse do serviço de órgãos ou entidades do Poder Executivo federal;
>
> II – cifração – ato de cifrar mediante uso de algoritmo simétrico ou assimétrico, com recurso criptográfico, para substituir sinais

de linguagem clara por outros ininteligíveis por pessoas não autorizadas a conhece-la;

III – código de indexação – código alfanumérico que indexa documento com informação classificada em qualquer grau de sigilo;

IV – comprometimento – perda de segurança resultante do acesso não autorizado;

V – contrato sigiloso – ajuste, convênio ou termo de cooperação cujo objeto ou execução implique tratamento de informação classificada;

VI – credencial de segurança – certificado que autoriza pessoa para o tratamento de informação classificada;

VII – credenciamento de segurança – processo utilizado para habilitar órgão ou entidade pública ou privada, e para credenciar pessoa para o tratamento de informação classificada;

VIII – decifração – ato de decifrar mediante uso de algoritmo simétrico ou assimétrico, com recurso criptográfico, para reverter processo de cifração original;

IX – dispositivos móveis – equipamentos portáteis dotados de capacidade computacional ou dispositivos removíveis de memória para armazenamento;

X – gestor de segurança e credenciamento – responsável pela segurança da informação classificada em qualquer grau de sigilo no órgão de registro e posto de controle;

XI – marcação – aposição de marca que indica o grau de sigilo da informação classificada;

XII – medidas de segurança – medidas destinadas a garantir sigilo, inviolabilidade, integridade, autenticidade e disponibilidade da informação classificada em qualquer grau de sigilo;

XIII – órgão de registro nível 1 – ministério ou órgão de nível equivalente habilitado pelo Núcleo de Segurança e Credenciamento;

XIV – órgão de registro nível 2 – órgão ou entidade pública vinculada a órgão de registro nível 1 e por este habilitado;

XV – posto de controle – unidade de órgão ou entidade pública ou privada, habilitada, responsável pelo armazenamento de informação classificada em qualquer grau de sigilo;

XVI – quebra de segurança – ação ou omissão que implica comprometimento ou risco de comprometimento de informação classificada em qualquer grau de sigilo;

XVII – recurso criptográfico – sistema, programa, processo, equipamento isolado ou em rede que utiliza algoritmo simétrico ou assimétrico para realizar cifração ou decifração; e

XVIII – tratamento da informação classificada – conjunto de ações referentes a produção, recepção, classificação, utilização, acesso, reprodução, transporte, transmissão, distribuição, arquivamento, armazenamento, eliminação, avaliação, destinação ou controle de informação classificada em qualquer grau de sigilo.

4.3 Acesso à informação

Tendo apresentado mais detalhadamente a Lei de Acesso à Informação, podemos agora especificar como esse acesso ocorre. De acordo com a lei em questão, a ideia é que qualquer interessado possa solicitar o acesso a informações nos órgãos e entidades indicados.

Para que isso aconteça, qualquer meio legítimo deve ser utilizado, em uma solicitação que contenha, obrigatoriamente, a identificação do solicitante e a respectiva discriminação da informação requerida. A identificação do solicitante não pode conter condições que inviabilizem a solicitação. Há, portanto, a obrigatoriedade da viabilização de possibilidades de encaminhamentos de pedidos de acesso pelos órgãos e entidades do Poder Público, em seus *sites* oficiais na internet.

A informação armazenada em formato digital deve ser disponibilizada ao público nesse formato, desde que haja anuência do requerente. Nos casos em que as informações estejam disponibilizadas em formato eletrônico, impresso ou mesmo em algum meio diferente, de acesso universal, o local e a respectiva forma a ser disponibilizada têm de ser informados ao requerente por escrito. Deve modo, ele pode saber onde pode obter, consultar, ou até mesmo reproduzir a referida informação. Esse procedimento desonera o órgão ou entidade pública de qualquer obrigação de seu fornecimento de forma direta, salvo se quem fez a requisição declarar que não dispõe de meios para realizar tais procedimentos.

Nos casos em que a informação que se deseja acessar está contida em algum documento que tenha sua integridade comprometida por causa de manipulação indevida, deve ser oferecida ao requerente uma cópia para consulta, com a respectiva certificação de que esta confere com o original. São vedadas exigências de qualquer tipo relacionadas aos motivos relevantes da solicitação de informações de interesse público.

Os órgãos ou entidades públicas devem disponibilizar acesso imediato à informação liberada e, quando isso não é possível, devem, em prazo máxima de 20 dias, tomar uma das medidas apresentada no parágrafo 1º do art. 11:

> Art. 11. [...]
>
> § 1º [...]
>
> I – comunicar a data, local e modo para se realizar a consulta, efetuar a reprodução ou obter a certidão;
> II – indicar as razões de fato ou de direito da recusa, total ou parcial, do acesso pretendido; ou
> III – comunicar que não possui a informação, indicar, se for do seu conhecimento, o órgão ou a entidade que a detém, ou, ainda,

remeter o requerimento a esse órgão ou entidade, cientificando o interessado da remessa de seu pedido de informação. (Brasil, 2011a)

4.3.1 Prazo para conceder acesso à informação

O prazo para a disponibilização das informações é, como já referido, de 20 dias, prorrogáveis por mais 10, mediante justificativa expressa.

Ao se solicitar acesso a uma informação, há alguns resultados possíveis a se esperar:

Figura 4.5 – Resultados do pedido de acesso à informação

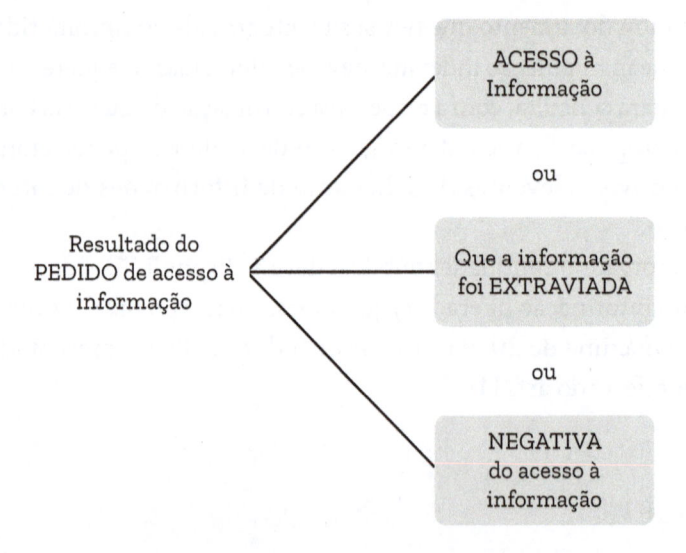

Resultado do PEDIDO de acesso à informação:
- ACESSO à Informação
- ou
- Que a informação foi EXTRAVIADA
- ou
- NEGATIVA do acesso à informação

Fonte: Girão, 2016, p. 35.

Quando ocorre o extravio da informação solicitada, pode ser requerida a imediata abertura de sindicância à autoridade competente para que seja levantado o desaparecimento da referida documentação. Verificada essa hipótese, o órgão ou responsável pela guarda da informação extraviada tem um prazo máximo de 10 dias para justificar a ocorrência e indicar testemunhas que reafirmem sua alegação.

Outra situação é quando o acesso não é autorizado por questões de sigilo total ou parcial das informações. Nesse caso, o requerente deve ser informado sobre as possibilidades de perpetrar recursos, com prazos e condições para sua interposição. Também deve ser indicada a autoridade competente para a apreciação. Nos casos em que o resultado é a negativa da informação, o solicitante tem por direito, por certidão ou por cópia, acessar o inteiro teor de decisão de negativa de acesso.

Algumas informações não podem ser negadas nem podem ser objeto de restrição de acesso, como aquelas necessárias a tutela judicial ou as administrativas de direitos fundamentais. Também não podem ser negados documentos que versam sobre atividades que violam ou desrespeitam os direitos humanos efetuadas por agentes públicos ou por ordem de autoridades públicas. Nos casos de indeferimento ao acesso a informações, ou seja, quando negado o acesso, o requerente pode interpor recurso contrário à decisão, desde que ocorra no prazo de 10 dias a contar do seu conhecimento. Esse recurso deve ser dirigido à autoridade hierarquicamente superior a que lavrou a decisão impugnada, que tem o prazo de 5 dias para se manifestar. Caso ocorra a negativa de acesso às informações solicitadas sem a devida fundamentação, os responsáveis ficam sujeitos a medidas disciplinares.

A respeito das condutas ilícitas que justificam responsabilidade do agente público ou militar, a LAI expressa em seu art. 32:

> Art. 32. Constituem condutas ilícitas que ensejam responsabilidade do agente público ou militar:
>
> I – recusar-se a fornecer informação requerida nos termos desta Lei, retardar deliberadamente o seu fornecimento ou fornecê-la intencionalmente de forma incorreta, incompleta ou imprecisa;

II – utilizar indevidamente, bem como subtrair, destruir, inutilizar, desfigurar, alterar ou ocultar, total ou parcialmente, informação que se encontre sob sua guarda ou a que tenha acesso ou conhecimento em razão do exercício das atribuições de cargo, emprego ou função pública;

III – agir com dolo ou má-fé na análise das solicitações de acesso à informação;

IV – divulgar ou permitir a divulgação ou acessar ou permitir acesso indevido à informação sigilosa ou informação pessoal;

V – impor sigilo à informação para obter proveito pessoal ou de terceiro, ou para fins de ocultação de ato ilegal cometido por si ou por outrem;

VI – ocultar da revisão de autoridade superior competente informação sigilosa para beneficiar a si ou a outrem, ou em prejuízo de terceiros; e

VII – destruir ou subtrair, por qualquer meio, documentos concernentes a possíveis violações de direitos humanos por parte de agentes do Estado. (Brasil, 2011a)

As medidas disciplinares imputadas no caso de essa pessoa ser militar das Forças Armadas recaem sobre transgressões militares médias ou graves, correspondendo aos critérios determinados nos regulamentos disciplinares de sua corporação, desde que estas não estejam tipificadas em lei como crime ou contravenção penal.

Nos casos de servidor público federal estatutário, este fica sujeito a infrações administrativas, que devem ser no mínimo apenadas com suspensão, consoante com os critérios estabelecidos na Lei n. 8.112/1990.

Além dessas medidas disciplinares, tanto o militar quanto o agente público poderão responder por improbidade administrativa. Sempre devem ser atendidos os princípios do contraditório, da ampla defesa e do respectivo processo legal.

A pessoa física ou a entidade privada que detém informações em razão de haver vínculo de qualquer natureza com os Poderes Públicos e deixa de observar o que está disposto na LAI está sujeita às seguintes sanções, conforme exposto em seu art. 33:

> Art. 33. A pessoa física ou entidade privada que detiver informações em virtude de vínculo de qualquer natureza com o poder público e deixar de observar o disposto nesta Lei estará sujeita às seguintes sanções:
>
> I–advertência;
> II – multa;
> III – rescisão do vínculo com o poder público;
> IV – suspensão temporária de participar em licitação e impedimento de contratar com a administração por prazo não superior a 2 (dois) anos; e
> V – declaração de inidoneidade para licitar ou contratar com a administração pública até que seja promovida a reabilitação perante a própria autoridade que aplicou a penalidade. (Brasil, 2011a)

As sanções de advertência, rescisão da associação com o Poder Público e até a suspensão, mesmo que temporária, podem ser aplicadas em conjunto com a multa, desde que garantido o direito de defesa da parte interessada no processo, em um prazo de dez dias. A aplicação da declaração de inidoneidade é de competência exclusiva da autoridade máxima do órgão ou entidade pública, sendo permitida a defesa da parte interessada, no prazo de dez dias da abertura de vista.

A reabilitação de quem for declarado inidôneo(a) somente é autorizada quando efetivado o ressarcimento dos prejuízos resultantes ao órgão ou entidade por parte do interessado. Isso só ocorre quando passado o prazo de dois anos da suspensão temporária.

Os órgãos ou as entidades públicas respondem de forma direta pelos danos causados quando ocorre a divulgação não autorizada ou mesmo a utilização indevida de informações sigilosas ou informações pessoais, nesse caso responsabilidade objetiva. Nos casos de dolo ou culpa, cabe a apuração de responsabilidade funcional, assegurado o respectivo direito de regresso, sendo então responsabilidade subjetiva.

Preste atenção!

Pela **responsabilidade objetiva**, o dever de indenizar se dá independentemente da comprovação de dolo ou culpa, bastando que fique configurado o nexo causal daquela atividade com o objetivo atingido. Já a **responsabilidade subjetiva** pode ser definida pela situação em que o agente causador de determinado dano em razão de dolo ou culpa cometeu ato ilícito (Cardoso Advogados, 2019).

Aprofundando nossa abordagem sobre informações pessoais, recorremos à definição dada pelo governo do Rio Grande do Sul (2017): essas informações são aquelas de determinada pessoa e o correto tratamento deve respeitar sua imagem, intimidade, vida privada e honra. Essas informações, portanto, não são públicas e têm acesso restrito, mesmo que lhe impuseram classificação de sigilo pelo prazo máximo de 100 anos. Os únicos que têm acesso a elas são: os agentes públicos autorizados; a própria pessoa; e terceiros autorizados por lei ou pela própria pessoa.

Alguns exemplos de informações pessoais são:

a. RG, CPF, título de eleitor, documento de reservista, etc.;
b. Nome completo ou parcial, bem como de seu cônjuge ou familiares;
c. Estado civil;
d. Data de nascimento;

e. Endereço pessoal ou comercial;
f. Endereço eletrônico (e-mail);
g. Número de telefone (fixo ou móvel);
h. Informações financeiras e patrimoniais;
i. Informações referentes a alimentandos, dependentes ou pensões;
j. Informações médicas;
k. Origem racial ou étnica;
l. Orientação sexual;
m. Convicções religiosas, filosóficas ou morais;
n. Opiniões políticas;
o. Filiação sindical, partidária ou a organizações de caráter religioso, filosófico ou político.

Importante!

Em 2015, o Supremo Tribunal Federal (STF) decidiu que é legítima a publicação do nome de servidores e respectivas remunerações.

As regras de responsabilidade objetiva e de responsabilidade subjetiva são aplicadas às pessoas físicas e entidades privadas que, em virtude da ligação de qualquer natureza com órgãos ou entidades, tenham em algum momento acesso à informação sigilosa ou pessoal e esta seja submetida a tratamento indevido.

Para que a proteção da informação sigilosa e da informação pessoal seja mais efetiva, devem ser observadas sua disponibilidade, autenticidade e eventual restrição de acesso.

4.4 Lei n. 8.159, de 8 de janeiro de 1991

As organizações, públicas ou privadas, têm imbuídas em sua missão a prestação de serviços ou mesmo a entrega de produtos à sociedade. Conforme essa premissa, os documentos produzidos pelas organizações devem também cumprir um papel social, além das funções administrativas que lhe são impostas. Paralelamente, precisam atuar na preservação e na divulgação desses documentos, que são de importância vital não somente para as organizações, instituição e servidores, mas para a sociedade de forma geral.

Quando consideramos as instituições públicas, a Lei n. 8.159, de 8 de janeiro de 1991, adquire grande relevância, pois institui a Política Nacional de Arquivos Públicos e Privados. Em seu art. 1º, são definidos a responsabilidade e o dever da gestão de documentos:

> Art. 1º – É dever do Poder Público a gestão documental e a proteção especial a documentos de arquivos, como instrumento de apoio à administração, à cultura, ao desenvolvimento científico e como elementos de prova e informação. (Brasil, 1991)

Isso evidencia que as organizações mantêm sob sua guarda ampla e significativa documentação sobre diferentes assuntos. Assim, a gestão adequada de um acervo visa a subsidiar a administração na tomada de decisões, além de contribuir para a preservação da memória institucional, gerando patrimônio imprescritível da sociedade.

Além do que já foi exposto até aqui, um ponto bastante importante da referida lei foi a definição do termo *gestão de documentos*:

> Art. 3º – Considera-se gestão de documentos o conjunto de procedimentos e operações técnicas referentes à sua produção, tramitação, uso, avaliação e arquivamento em fase corrente e intermediária, visando a sua eliminação ou recolhimento para guarda permanente. (Brasil, 1991)

Entende-se que a gestão de documentos implica cuidar e tratar dos documentos, desde o momento de sua produção até sua destinação final. Lopes (1996) evidencia alguns objetivos da gestão de documentos: "assegurar a produção, administração, manutenção e destinação dos documentos; garantir a acessibilidade da informação quando e onde seja necessária e avaliar a documentação de acordo com seus valores estabelecendo o destino da mesma em tabelas de temporalidade".

Baseado em conceito de gestão de documentos, apresentado na Lei Federal, Paes (2005) destaca as três fases da vida do documento, que são: a produção, a utilização e a destinação. De acordo com Jardim (1987), a produção documental é resultado das atividades desempenhadas no âmbito organizacional. No entendimento de Paes (2005, p. 54), "a fase de utilização de documentos em fase corrente e intermediária irá incluir as atividades de protocolo, de expedição, de organização e arquivamento de documentos".

4.5 Os meios eletrônicos

Meio eletrônico é todo aquele recurso que emprega o computador ou qualquer dispositivo tecnológico como ferramenta para divulgação e armazenamento. O Decreto n. 8.539, de 8 de outubro de 2015, "dispõe sobre o uso do meio eletrônico para a realização do processo administrativo no âmbito dos órgãos e das entidades da administração pública federal direta, autárquica e fundacional" (Brasil, 2015). No ser at. 1º, está expresso:

> Art. 1º Este Decreto dispõe sobre o uso do meio eletrônico para a realização do processo administrativo no âmbito dos órgãos e das entidades da administração pública federal direta, autárquica e fundacional.

Podemos classificar um documento convencional, exceto um documento sem suporte digital, como um documento que contém informações registradas. O Conselho Nacional de Arquivos (Conarq, 2011) classifica um documento eletrônico como a "informação registrada, codificada em forma analógica ou em dígitos binários, acessível e interpretável por meio de um equipamento eletrônico". Seguindo as definições do Conarq (2011), o "documento digital é a informação registrada, codificada em dígitos binários, acessível e interpretável por meio de sistema computacional".

Complementando essas informações a respeito de documentos, o referido decreto apresenta em seu art. 2º as definições que seguem:

> Art. 2º [...]
>
> I – documento – unidade de registro de informações, independentemente do formato, do suporte ou da natureza;
> II – documento digital – informação registrada, codificada em dígitos binários, acessível e interpretável por meio de sistema computacional, podendo ser:
> a) documento nato-digital – documento criado originariamente em meio eletrônico; ou
> b) documento digitalizado – documento obtido a partir da conversão de um documento não digital, gerando uma fiel representação em código digital; e
> III – processo administrativo eletrônico – aquele em que os atos processuais são registrados e disponibilizados em meio eletrônico. (Brasil, 2015

No art. 3º desse decreto são organizados os principais objetivos:

> Art. 3º [...]

I – assegurar a eficiência, a eficácia e a efetividade da ação governamental e promover a adequação entre meios, ações, impactos e resultados;
II – promover a utilização de meios eletrônicos para a realização dos processos administrativos com segurança, transparência e economicidade;
III – ampliar a sustentabilidade ambiental com o uso da tecnologia da informação e da comunicação; e
IV – facilitar o acesso do cidadão às instâncias administrativas (Brasil, 2015).

Por meio desse decreto, o governo federal tornava obrigatória a tramitação eletrônica de documentos em "todos os órgãos e entidades da administração pública federal direta, autárquica e fundacional". Tais órgãos tinham até o dia 8 de abril de 2016 para apresentar um cronograma em que estivessem dispostas as etapas da implementação da tramitação, exclusivamente eletrônica, dos processos administrativos vinculados ao Ministério do Planejamento, Gestão e Orçamento.

Os prazos definidos, a partir dessa data, eram de um ano e meio para realizar o plano apresentado e de dois anos e meio para concretizar as adequações necessárias para as instituições que já utilizavam processos eletrônicos.

Sobre os benefícios da implantação do processo eletrônico, Sordi (2016, grifo nosso) destaca:

> **agilidade e produtividade** – decorrentes da eliminação de diversos procedimentos burocráticos e da celeridade na análise e deferimento dos processos; **redução de custos** – com papel, impressão, transporte e principalmente espaço físico para armazenamento de documentos; **transparência** – facilidade e rapidez no acesso às informações e no acompanhamento dos processos administrativos em tramitação nos órgãos públicos; **segurança** – decorrente da utilização de assinaturas digitais para garantir a autoria,

autenticidade e a integridade dos documentos; e **sustentabilidade ambiental** – dada a economia de água, energia elétrica e florestas utilizadas na produção do papel.

Além desses benefícios, a implantação do processo eletrônico promove melhorias que podem auxiliar na modernização, na eficiência, na eficácia e na aplicação de práticas mais responsáveis ambientalmente. Elas poderão ser utilizadas na gestão pública e, com isso, assegurar maior satisfação dos usuários de serviços públicos.

No decreto ora em foco, são apresentados requisitos que podem auxiliar na seleção dos sistemas de informação, tornando viável a tramitação eletrônica de processos administrativos mais correta e mais assertiva. É recomendada a utilização, na esfera pública, de sistemas de código aberto que empregam certificado digital, emitido no âmbito da Infraestrutura de Chaves Públicas Brasileira (ICP-Brasil), órgão responsável pela verificação da autoria e a respectiva integridade dos documentos (Brasil, 2017).

Contudo, somente essas orientações não são suficientes para garantir a seleção de sistemas que apoiem de forma adequada as atividades que abrangem a gestão arquivística dos documentos. Também não asseguram a preservação de forma correta, muito menos o acesso permanente aos documentos digitais.

O Sigad, "sistema de tramitação eletrônica de documentos, é um sistema informatizado de gestão arquivística de documentos", que atende aos requisitos estabelecidos pelo Conarq, pela Resolução n. 25, de 27 de abril de 2007 (Brasil, 2007): "dispõe sobre a adoção do Modelo de Requisitos para Sistemas Informatizados de Gestão Arquivística de Documentos – e-ARQ Brasil, também pelos órgãos e entidades integrantes do Sistema Nacional de Arquivos – SINAR", independentemente da plataforma tecnológica em que é desenvolvido e/ou implantado.

> **Preste atenção!**
> Sigad é "um conjunto de procedimentos e operações técnicas, característico do sistema de gestão arquivística de documentos, processado por computador. Pode compreender um *software* particular, um determinado número de *softwares* integrados, adquiridos ou desenvolvidos por encomenda, ou uma combinação destes" (Estado virtual, 2019).

As condições que devem ser cumpridas pela organização que produz ou recebe os documentos utilizando o sistema de gestão arquivística são definidas pelo e-ARQ, com a finalidade de garantir a confiabilidade, a autenticidade e o acesso estabelecidos ao longo do tempo. O e-ARQ detalha todas as atividades e as operações técnicas que a gestão arquivística de documentos utiliza, desde sua etapa inicial da produção, com a respectiva tramitação, fase em ocorre a utilização e o devido arquivamento, até a sua destinação final.

O Decreto n. 8.539/2015 não faz menção ao e-Arq nem a outra norma arquivística qualquer, mesmo abordando questões relativas à gestão documental e à preservação digital. O decreto afirma como obrigatórias a criação de um programa de gestão de documentos e a implementação de uma política de preservação digital que garanta em longo prazo o acesso a esse tipo de documento; entretanto, isso somente é feito para órgãos e entidades que de alguma maneira adotam a tramitação eletrônica de documentos.

Também foram definidos alguns procedimentos para o devido funcionamento do processo administrativo eletrônico. Entre outros dispositivos incluídos, estão:

- prazos;
- recibos;
- indisponibilidade do sistema;
- vista aos autos;

- peticionamento eletrônico;
- autenticação de originais;
- integridade do documento digitalizado;
- guarda do original de documento digitalizado;
- classificação da informação quanto ao grau de sigilo e
- possibilidade de limitação do acesso, nos termos da Lei n. 12.527, de 18 de novembro de 2011.

Outra proposta que envolve esforços para que ocorra a contenção de gastos com o custeio da máquina administrativa tem sido desenvolvido sistematicamente pelo Ministério da Economia. Planejamento, Desenvolvimento e Gestão em conjunto com entidades das diversas esferas do governo federal: o Projeto Processo Eletrônico Nacional (PEN). A proposta diz respeito à construção de uma solução pública de processo administrativo eletrônico, o que permite a criação e o trâmite de documentos e processos eletrônicos nas organizações do Estado brasileiro.

Para saber mais

O Processo Eletrônico Nacional (PEN) é uma iniciativa conjunta de órgãos e entidades de diversas esferas da administração pública e tem o intuito de construir uma infraestrutura pública de processos e documentos administrativos eletrônicos, objetivando a melhoria no desempenho dos processos do setor público, com ganhos em agilidade, produtividade, transparência, satisfação do usuário e redução de custos.

BRASIL. Ministério da Economia. Planejamento, Desenvolvimento e Gestão. **Processo Eletrônico Nacional (PEN)**. Disponível em: <http://www.planejamento.gov.br/pensei>. Acesso em: 3 set. 2019.

No total, 14 órgãos utilizam a ferramenta eletrônica chamada Sistema Eletrônico de Informações (SEI), que havia sido adotada pelo ministério mesmo antes da assinatura do decreto. O SEI foi desenvolvido e cedido de forma gratuita, em Acordo de Cooperação Técnica, 02/2013, assinado pelo Ministério do Planejamento e pelo Tribunal Regional Federal da 4ª Região (TRF4). A utilização do SEI tem propiciado economia nos custos de papel, *outsourcing*, serviço de postagem e material de escritório (Lima, 2019). Além disso, reduziu o tempo médio do trânsito de documentos nos órgãos que já o utilizam. O Decreto n. 8.539/2015 regulamenta o uso do SEI no Executivo Federal.

Como todo sistema, para que funcione como um Sigad, o SEI precisa ser aperfeiçoado, e o resultado de estudos tem apresentado esse aperfeiçoamento. Além disso, o Decreto n. 8.539, de 8 de outubro de 2015, deveria trazer instruções para a elaboração do plano de trabalho a ser apresentado. Não constam informações a respeito da necessidade de se comprovar a existência de política, programa e "de instrumentos de gestão documental implantados, sobre a adoção de sistema que atenda aos requisitos bem como existência de política de preservação digital para garantir o acesso de longo prazo a tais documentos" (Sordi, 2016).

A preservação digital é uma preocupação antiga. Desde 2003, existe a *Carta para a Preservação do Patrimônio Digital da Unesco*.

Para saber mais

A *Carta para a Preservação do Patrimônio Digital da Unesco* pode ser acessada em:

CONARQ – Conselho Nacional de Arquivos. **Carta para a Preservação do Patrimônio Digital da Unesco**. Disponível em: <http://www.conarq.arquivonacional.gov.br/images/publicacoes_textos/Carta_preservacao.pdf>. Acesso em: 26 nov. 2019.

Nesse documento, há alertas sobre o perigo iminente de desaparecimento de parcelas do legado digital da humanidade, com descrições sobre a necessidade de se estabelecer políticas diversificadas, estratégias e algumas ações que de alguma forma garantam a preservação de longo prazo e, consequentemente, o acesso contínuo aos documentos arquivísticos digitais.

Nesse panorama, a utilização de repositórios digitais confiáveis (RDC) deve fazer parte de uma política de preservação digital. Só assim será garantido o acesso seguro, por um prazo extenso, àqueles documentos digitais capturados no Sigad. A adoção dos RDC não é um tema abordado no decreto, sendo considerado por alguns como uma das principais falhas desse instrumento legal. Esses repositórios digitais são responsáveis não apenas pelo acesso em longo prazo, mas também pela herança social, cultural, intelectual e econômica da sociedade em formato digital.

O decreto, com certeza, apresenta avanços consideráveis, pois são poucas instituições que fazem uso do processo eletrônico ou que contam com políticas, estratégias ou ações que garantam o acesso a documentos digitais, bem como a seu uso contínuo e a preservação de longo prazo. Essas boas práticas devem ser incentivadas e acompanhadas de planejamento. Assim, podem ser criados e divulgados modelos para a implantação de políticas, estratégias e ações que assegurem aos documentos digitais a autenticidade, a integridade e a legibilidade.

Uma das preocupações relativas à utilização dos meios eletrônicos são as mensagens de correio eletrônico produzidas no exercício das atividades em prol da organização. Elas podem constituir fonte de prova e informação e, em princípio, devem ser tratadas e preservadas como os demais documentos arquivísticos, aplicando-se a elas as tabelas de classificação e temporalidade apresentadas no Capítulo 3.

Em boa parte das organizações, públicas ou privadas, a responsabilidade da guarda organizada das mensagens que se classificam como fonte, utilizando os recursos/*backup* do correio eletrônico corporativo é dos usuários. As equipes de TI devem dar orientações técnicas para essa segurança de preservação, devendo sempre produzir cópias de segurança das mensagens de correio eletrônico e zelar pelo correto armazenamento desses documentos.

4.6 Perspectivas futuras

A necessidade da evolução se mostra evidente no contexto de acesso à informação na sociedade contemporânea. Isso inclui, em termos legais, a melhoria de facilidades para a criação de instrumentos que assegurem tanto o acesso quanto a garantia da validade do que está sendo acessado. O mesmo panorama pode ser observado em termos de melhoria de atendimento às necessidades de usuários que precisam de fontes de informação fidedignas, sobre a caminhada de instituições particulares e governamentais. Fechando o trio que reconhece o valor da informação como a mercadoria de maior valor de troca na sociedade da informação, está a evolução necessária da utilização da tecnologia da informação no sistema informatizado de gestão arquivística de documentos (Sigad).

A relevância deste último item é tanta que ele chegou a ser tratado com detalhes em documento com aval dos técnicos do arquivo nacional, de forma a criar um padrão que represente o consenso da comunidade sobre o tema. Os técnicos envolvidos com pesquisas sobre o futuro da arquivística acreditam que este será o argumento principal de novas pesquisas na área.

Em suma, aqueles que atuam nos campos da ciência da informação e da arquivologia deve procurar formas de estabelecer novas regras que facilitem a criação e a avaliação de produtos informacionais criados pelo direcionamento de atividades de mineração (*data mining*) e análise (*data analisys*). O que importa é a captação de dados que, quando devidamente tratados, podem criar um fluxo informacional de destaque na área de arquivística nas organizações, independentemente da área de atuação.

Síntese

Neste capítulo, esmiuçamos a Lei n. 8.159, bem como o Decreto n. 7.845, com vistas a um melhor entendimento da LAI (Lei de Acesso à Informação). Os meios eletrônicos e sua importância com relação às informações também complementaram nossa abordagem. Por fim, apontamos algumas perspectivas futuras.

Questões para revisão

1. O termo *gestão de documentos* foi definido, no Brasil, pela Lei Federal n. 8.159, em 1991. Assinale a alternativa que cita a definição correta desse ter,o:
    a) Conjunto de operações técnicas referentes à produção, uso, avaliação e arquivamento dos documentos em fase corrente, visando a sua inclusão ou a seu recolhimento para guarda permanente.
    b) Conjunto de processos e operações técnicas da produção, tramitação, uso e arquivamento de documentos em fase intermediária, tendo unicamente como finalidade sua eliminação para guarda permanente como proposta.
    c) Conjunto de operações e procedimentos referentes à produção, fabricação, uso, recolhimento e arquivamento dos documentos em fase corrente e intermediária, visando a sua eliminação para guarda provisória.
    d) Conjunto de procedimentos e operações técnicas referentes à produção, tramitação, uso, avaliação e arquivamento de documentos em fase corrente e intermediária, visando a sua eliminação ou recolhimento para guarda permanente.

e) Conjunto de métodos e técnicas voltadas a produção, tramitação, uso e arquivamento de documentos em fase intermediária tendo unicamente como finalidade sua eliminação.

2. No art. 2º do Decreto n. 7845, são definidos alguns termos. Assinale, a seguir, a afirmativa que cita aquela nomenclatura que faz referência ao código alfanumérico com informação classificada em qualquer grau de sigilo.
a) Algoritmo de Estado.
b) Cifração.
c) Código de indexação.
d) Comprometimento.
e) Ordenação codificada.

3. Na LAI, existe uma classificação na qual constam os prazos máximos de restrição de acesso à informação que vigoram a partir da data de produção dos documentos. Assinale a alternativa que corresponde ao prazo máximo de restrição de 25 anos de acesso à informação:
a) Ultrassecreta.
b) Secreta.
c) Reservada.
d) Inviolada.
e) Livre.

4. São cinco as sanções dispostas na LAI, a que estão sujeitas as pessoas físicas ou as entidades privadas que detêm informações em razão de haver vínculo de qualquer natureza com os poderes públicos. Descreva três dessas sanções.

5. Há diversos benefícios propiciados na implantação do processo eletrônico. Descreva a redução de custos.

Questão para reflexão

1. Descreva um entendimento contextualizado sobre a participação da Lei de Acesso à Informação, no contexto do desenvolvimento das legislações e decretos referentes ao tema em estudo. Considere a intensidade de sua autoridade legal e as consequências da ignorância de suas recomendações.

TECNOLOGIA DA INFORMAÇÃO

Conteúdos do capítulo
- Nuxeo.
- Archivematica.
- Atom.
- Como se desenvolve o Sigad.

Após o estudo deste capítulo, você será capaz de:
1. identificar o que é o *software* Nuxeo;
2. analisar o *software* Archivematica;
3. utilizar o *software* Atom;
4. explicar como é desenvolvido o Sigad;
5. reconhecer as principais funções do Sigad.

Neste capítulo, apresentaremos sugestões que pesquisadores consideram um caminho apropriado para garantia da cadeia de custódia. Para isso, faremos a análise de uma tríade de *softwares* que permitem atingir tal objetivo: Nuxeo, Archivemática e Atom. Detalharemos o ambiente do sistema de armazenamento, fornecendo detalhes de diversos componentes de *hardware* de um *drive* de disco, geometria de discos e das leis básicas que controlam o desempenho do disco. Abordaremos, também, a conectividade entre o *host* e como é facilitado o armazenamento, utilizando-se da tecnologia de barramento. Apresentaremos, ainda, algumas noções básicas sobre os diversos componentes lógicos dos *hosts*, como sistemas de arquivos, gerenciadores de volumes e sistemas operacionais, assim como os papéis desempenhados no ambiente do sistema de armazenamento.

5.1 Nuxeo, Archivematica, Atom e Sigad

O volume de trabalho e a necessidade de rapidez nas respostas dadas aos diversos questionamentos torna praticamente impossível prescindir da utilização da tecnologia da informação. Somente com seu apoio é possível a criação de grandes repositórios de dados confiáveis, para armazenamento de informações e arquivos que surgem como resultado das atividades-fim das organizações. O primeiro aspecto de importância é a garantia da preservação da cadeia de custódia de materiais, o que envolve a utilização de três diferentes *softwares*, que preparam o ambiente para que exista um sistema mais amplo, de registro documental, que é normalmente nomeado como **sistema informatizado de gestão arquivística de documentos**, o Sigad, o qual mencionamos no capítulo anterior. Os sistemas em destaque são o Nuxeo, Archivematica e Atom.

> **Para saber mais**
>
> Um modelo de requisitos do sistema informatizado pode ser conferido na página do Coanrq:
>
> CONARQ – Conselho Nacional de Arquivos. **e-ARQ Brasil**: Modelo de Requisitos para Sistemas Informatizados de Gestão Arquivística de Documentos. 2011. Disponível em: <http://conarq.arquivonacional.gov.br/images/publicacoes_textos/earqbrasil_model_requisitos_2009.pdf>. Acesso em: 19 nov. 2019.

O Nuxeo, *software* de código aberto, é o primeiro passo a ser desenvolvido em iniciativas voltadas para implantação de funções arquivísticas nas organizações. Nesse processo, a utilização do Nuxeo é considerada o primeiro passo do processo da gestão documental. O produto permite a classificação, o registro da produção e a avaliação de documentos.

Lampert (2011) tem um estudo especificamente direcionado para a apresentação dos fundamentos e regras para utilização do produto e nos interessa considerar aqui, devido a sua adoção em muitas organizações. O autor considera que, com esse primeiro passo, torna-se efetiva a implementação de "funções arquivísticas de produção e classificação de documentos" (Lampert, 2011).

O uso do produto permite iniciar um *workflow*, que analisa o ciclo de vida de todos os documentos utilizados na organização, apoiado em uso extensivo de metadados, o que facilita a busca e a compreensão da forma e do conteúdo de todos os documentos, registrados e em utilização controlada no interior da organização.

O Archivematica é um conjunto integrado de ferramentas de *software* de fonte aberta que permite aos usuários processar objetos digitais e administrá-los para acessar em conformidade com o modelo funcional ISO-OAIS. O controle é baseado na web, ambiente em que os usuários monitoram e controlam os microsserviços de gestão e preservação. Conforme Fontana et al. (2014), "este repositório foi projetado para a preservação digital, visando o acesso de documentos ostensivos e a preservação em longo prazo para acervos e coleções de objetos digitais, baseado no modelo conceitual OAIS".

O Ica-Atom (International Council Of Archives – acrônimo para *Acess to Memory*) é uma ferramenta de código aberto. O *software* tem como objetivo descrever os documentos arquivísticos que estão de acordo com as Normas do Conselho Internacional de Arquivos. Com esta ferramenta, os usuários podem realizar suas pesquisas de conteúdo dos fundos disponíveis de forma remota, facilitando os resultados da busca de informações que estão ao seu alcance.

Nas orientações de registro de informações arquivísticas, o tratamento da correta conceituação de um Sigad e de um conjunto de regras que devem ser seguidas, é possível encontrar em material produzido pelo e-Arq, "um modelo de requisitos para sistemas informatizados de gestão arquivística de documentos" (Conarq, 2011). Ele está configurado como um sistema capaz de gerenciar, simultaneamente, os documentos digitais e convencionais utilizados no interior da organização (Conarq, 2011). Entre suas funções principais, estão: captura, armazenamento, apresentação e gerenciamento de todo o processo de gestão arquivística de documentos.

5.2 Ambiente do sistema de armazenamento

Um *data center* é composto por diversos elementos, mas o armazenamento é um dos principais. Para ser adequadamente implementado e gerenciado, necessita de foco e especialização. Logo após saírem de um aplicativo com destino ao local de armazenamento, os dados passam por diversos componentes que, de forma coletiva recebem o nome *ambiente do sistema de armazenamento* (ASA). Os principais componentes do ASA são três: o *host*, a conectividade e o armazenamento, que se utilizam dos componentes físicos e lógicos para facilitar o acesso aos dados.

A recuperação dos dados pelos usuários é realizada via aplicativos. Os computadores em que são executados esses aplicativos são denominados *host*, que vão desde um simples computador, *notebook* ou *netbook* até *clusters* de servidores altamente complexos. Um *host* é formado por componentes físicos, os dispositivos de *hardware*, que fazem sua comunicação por meio dos componentes lógicos, os *softwares* e os protocolos. Tanto o acesso aos dados como o desempenho geral do ASA dependem dos componentes físicos do *host* e dos componentes lógicos. Detalhamos esse acesso um pouco mais adiante.

Um *host* é formado por três componentes físicos principais:

1. a unidade central de processamento (CPU);
2. o armazenamento, como a memória interna e os dispositivos de disco;
3. os dispositivos de entrada e saída (I/O).

Preste atenção!
Os dispositivos de I/O permitem o envio e o recebimento de dados para e de um *host* (Somasundaram; Shrivastava; EMC Education Services, 2011).

Conforme Somasundaram, Shrivastava e EMC Education Services (2011, p. 45), "a comunicação dos componentes físicos por meio do barramento é um caminho de comunicação, que conecta a CPU aos outros componentes, chamados de dispositivos de armazenamento e de I/O". Kolbe Júnior (2017, p. 28) complementa, afirmando que a CPU é "responsável pelo controle das tarefas que são realizadas por outros dispositivos, bem como a manipulação dos dados".

A CPU é composta de quatro componentes principais:

- **Unidade Lógica e Aritmética (ULA)**: Bloco modular fundamental da CPU. Ele executa operações aritméticas e lógicas como adição, subtração e funções booleanas (AND, OR e NOT).
- **Unidade de controle**: Circuito digital que controla as operações e coordena a funcionalidade da CPU.
- **Registradores**: Conjunto de locais de armazenamento de alta velocidade. Os registradores armazenam dados intermediários que são necessários para que a CPU execute uma instrução e fornecem acesso rápido devido à sua proximidade à ULA. As CPUs geralmente têm um pequeno número de registradores.
- **Cache de nível 1**: Encontrada em CPUs modernas, guarda dados e instruções de programa que provavelmente sejam necessários para a CPU logo a seguir. O cache de nível 1 é mais lento que os registradores, porém, fornece mais espaço de armazenamento. (Somasundaram; Shrivastava; EMC Education Services, 2011, p. 44)

Observe, agora, na figura 5.1, os componentes de uma CPU conforme ilustrado.

Figura 5.1 – Componentes principais de uma CPU

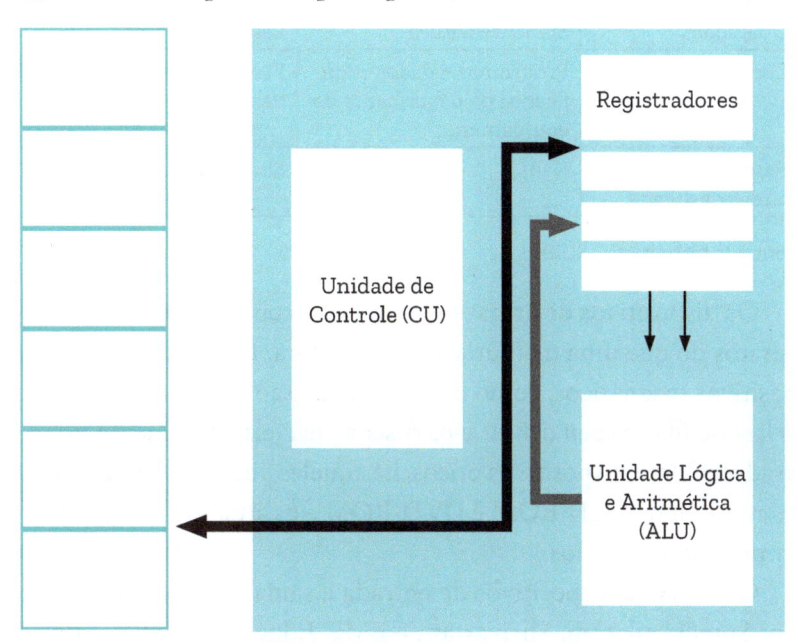

[Diagrama mostrando Unidade de Controle (CU), Registradores e Unidade Lógica e Aritmética (ALU)]

Para que os dados sejam guardados, são utilizadas a memória e a mídia de armazenamento, tanto de forma persistente como de forma temporária. São implementados os módulos de memória por meio de *chips* semicondutores e são empregadas mídias magnéticas ou ópticas para os dispositivos de armazenamento. Um *host* utiliza normalmente dois tipos de memórias, ROM e RAM. Confira a diferença entre os dois no Quadro 5.1.

Quadro 5.1 – Diferença entre Memória ROM e Memória RAM

	ROM	RAM
Nomenclatura	*Ready Only Memory*	*Random Access memory*
Nome/Significado	Memória somente para Leitura	Memória de Acesso Randômico

(continua)

(Quadro 5.1 – conclusão)

	ROM	RAM
Operações	Somente leitura	Leitura/Gravação
Conteúdo	Programas e dados codificados pelo fabricante do equipamento	Programas e dados em uso naquele momento
Perde o conteúdo ao ser desligada	Não	Sim

Fonte: Informática..., 2019.

Os dispositivos de armazenamento são consideravelmente mais baratos do que uma memória semicondutora. Podemos citar os dispositivos magnéticos, como os HDDs, que são os discos rígidos; os *drives* de fita; os *pen drives*; e os discos flexíveis, atualmente pouco usados. Como dispositivos óticos, há aqueles pouco utilizados atualmente, como os CD-ROM e DVD-ROM e os atuais *PC cards* e *flash cards*, mais modernos.

Os tipos de dispositivos de entrada e saída (I/O) são definidos por Somasundaram, Shrivastava e EMC Education Services (2011, p. 46) como comunicação do usuário com o *host* quando são feitas pelos dispositivos básicos de I/O. Esses dispositivos básicos são o teclado, o *mouse* e o monitor, que possibilitam aos usuários informar os dados e visualizar os resultados das operações.

Quando acontece as comunicações de um *host* com outro *host*, são utilizados dispositivos como uma NIC, sigla de *Network Interface Card* (""placa de interface de rede", ou *modem*). Também ocorrem as comunicações do *host* com um dispositivo de armazenamento, que são efetuadas por um *host bus adapter* (HBA), algo como "adaptador de barramento do *host*". Ele funciona como uma placa *Application-Specific Integrated Circuit* (ASIC), "circuito integrado específico para aplicativos", que serve para executar funções de interface de I/O entre o *host* e o armazenamento. Isso proporciona a liberação da CPU do processamento adicional de I/O. Em um *host* podem existir diversos HBAs.

Figura 5.5 – *Host bus adapter* (HBA)

rawcapPhoto/Shutterstock

Quando ocorre a interconexão entre um *host* e um *host* de outro dispositivo periférico, acontece a conectividade. Os dispositivos periféricos podem ser impressoras ou dispositivos de armazenamento. Aqui, enfocamos a conectividade quando ocorre entre o *host* e o dispositivo de armazenamento, que podem ser classificados como físicos. Nesse caso específico, fazemos referência a elementos de *hardware* e os lógicos de conectividade, que são os protocolos usados na comunicação que ocorre entre o *host* e o armazenamento.

O barramento diz respeito aos componentes físicos da conectividade que ocorre entre o *host* e o armazenamento. Trata-se de um conjunto de caminhos que servem para facilitar a transmissão dos dados para diversas partes do computador, como, por exemplo, da CPU para a memória. Já a porta é um canal que permite a conectividade entre o *host* e dispositivos externos. Há, ainda, os cabos que servem para conectar o *host* a inúmeros dispositivos, internos ou externos, usando a mídia de cobre ou fibra óptica como meios.

A comunicação entre os componentes físicos é feita por meio de um barramento que envia *bits* entre os dispositivos, sendo eles de controle, de dados ou de endereço. Serialmente, quando ocorre de eles serem transmitidos de forma sequencial, utilizando um único caminho, a transmissão pode se dar de forma uni ou bidirecional. Outra maneira de ser feita a transmissão dos bits é em paralelo, modo pelo qual se habilita a transmissão dos bits por múltiplos caminhos de forma simultânea e sendo feita em paralelo também pode ser bidirecional.

O tamanho ou largura de um barramento determina o volume de dados que podem ser transmitidos por vez. É possível comparar a largura desse dispositivo com o número de pistas de uma estrada (Somasundaram; Shrivastava; EMC Education Services, 2011, p. 47). Comparando, um barramento de 32 bits consegue transmitir 32 bits de dados e um de 64 bits transmite até 64 bits de dados de forma simultânea. O barramento possui velocidade do *clock* medida em mega-hertz (MHz), representando a taxa de transferência de dados entre as respectivas extremidades do barramento. Com um barramento rápido, acontece uma transferência de dados mais veloz e os aplicativos ficam habilitados para uma execução mais rápida.

Figura 5.6 – Barramentos de 32 e 64 bits

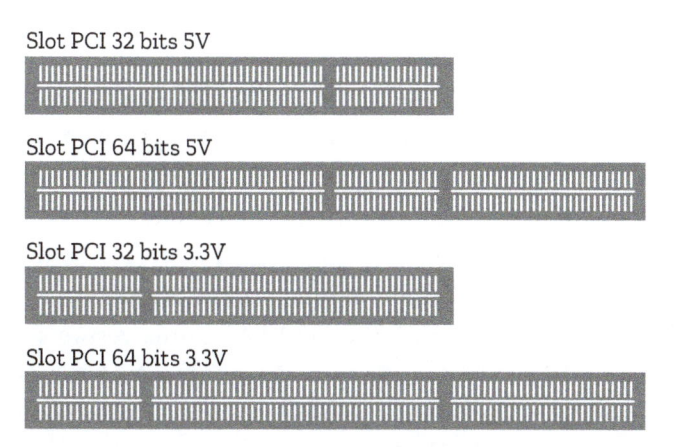

Slot PCI 32 bits 5V

Slot PCI 64 bits 5V

Slot PCI 32 bits 3.3V

Slot PCI 64 bits 3.3V

O barramento de E/S (entrada e saída) de alta velocidade, "permite transferência de dados em 32 e 64 bits a velocidade de 33MHz e de 66MHz, no máximo. Apresenta taxas de transferência de até 132 MB/s, com 32 bits e tem suporte para o padrão PnP (Plug and Play)" (Barramento..., 2010).

Há dois tipos de barramentos, classificados normalmente como **barramento do sistema**, que leva os dados do processador até a memória, e **barramento local ou de I/O**, que é um caminho de alta velocidade, conectado diretamente ao processador onde são transmitidos os dados entre processador e os dispositivos de armazenamento. São, então, considerados dispositivos periféricos.

Entre os componentes lógicos de conectividade, há "o PCI (*peripheral component interconnect*), que é o protocolo de interface popular, utilizado para o barramento local se conectar a um dispositivo periférico" (Somasundaram; Shrivastava; EMC Education Services, 2011, p. 47). O PCI especifica a padronização de como as placas de expansão PCI, entre elas as placas de rede ou mesmo placas de *modems*, podem trocar informações com a CPU. Uma extensão melhorada desse barramento é o PCI *express*, que trabalha com taxas de transferências e velocidades de *clock* bem superiores.

Há entre os protocolos de interface que se conectam aos sistemas de discos, o IDE/ATA (Integrated Device Electronics/Advanced Technology Attachment) que durante muito tempo foi considerado o protocolo de interface mais popular usado em discos, por oferecer excelente desempenho a um custo considerado baixo. O Small Computer System Interface (SCSI) é uma interface bem menos comum do que IDE/ATA nos computadores pessoais porque seu custo é bem superior. SATA (Serial ATA) é uma versão serial da especificação IDE/ATA e surgiu para substituir o ATA paralelo; ele fornece conectividade ponto a ponto, permitindo a transferência de dados a uma velocidade de 150 MB/s até uma distância de um metro. Algumas melhorias permitiram aumentar a velocidade de transferência de dados para até 600 MB/s.

5.3 Dispositivo de armazenamento

O dispositivo de armazenamento é o mais importante componente do Ambiente de Sistema de Armazenamento (ASA). Utiliza mídia magnética ou uma unidade de estado sólido, que não contém partes móveis, como os circuitos integrados e as placas-mãe utilizadas pelos computadores e *notebooks* ou *netbooks*. Os discos, as fitas e os ultrapassados disquetes utilizam mídia magnética. Já os CD-ROM ou DVD-ROM são exemplos de dispositivos que contam com mídia óptica. Um bom exemplo de mídia de estado sólido são os cartões de memória *flash*.

Por muito tempo, a mídia mais popular utilizada para as cópias de segurança foram as fitas, devido a seu baixo custo. Em tempos passados, os *data centers* hospedavam um grande número de *drives* de fitas e processavam milhares delas. Entretanto, existiam algumas limitações ao uso desses dispositivos e, entre elas, podemos citar que os dados são armazenados de forma linear pela extensão da fita. Nesse caso, a pesquisa e recuperação de dados é feita sequencialmente, levando muito tempo para localizar os dados.

Outra limitação refere-se ao fato de os dados armazenados em fita não poderem ser acessados por vários aplicativos de forma simultânea, sendo restrito seu uso a um aplicativo por vez. Por fim, a cabeça de leitura/gravação toca a superfície da fita e, com isso, ocorre um desgaste após o uso repetitivo.

Mesmo com essas limitações, as fitas são utilizadas de forma ampla pela economia e pela mobilidade que proporcionam. O desenvolvimento contínuo dessa tecnologia tem trazido resultados significantes, proporcionando mídias de alta capacidade e *drives* com altas velocidades. Com os novos recursos, as fitas atuais podem fazer parte de uma solução bem arrojada no gerenciamento de dados, principalmente por ser uma solução de baixo custo para aqueles casos em que os dados são armazenados por um longo prazo e acessados com menos frequência.

Em ambientes computacionais menores, onde há um usuário, é comum o armazenamento em disco óptico para guardar fotos ou como uma mídia de cópia de segurança em computadores pessoais/*notebooks*. Ele também é usado como uma mídia de distribuição para aplicativos, como jogos, ou mesmo como uma forma de transferência de quantidades de dados de um sistema para outro. Esses discos ópticos têm sua capacidade e velocidade limitadas, sendo restrito o uso dessas mídias como solução de armazenamento de dados nas organizações.

Uma das vantagens do armazenamento em discos ópticos é a capacidade WORM, que é a possibilidade de gravar uma vez e ler muitas. CD-ROM, DVD-ROM e *blu-ray* são exemplos desse dispositivo. Até certo ponto, eles podem garantir que o conteúdo não seja alterado, podendo ser usados como alternativas de baixo custo para armazenamento em longo prazo.

A mídia de armazenamento mais popular para armazenar e acessar dados usada em computadores são os *drives* de disco, principalmente quando a prioridade é o desempenho, além da capacidade de armazenamento. Por eles, muitos usuários podem acessar os aplicativos de forma simultânea. Os *arrays* de armazenamento em disco são configurados com múltiplos discos para que seja disponibilizada maior capacidade de desempenho.

5.4 Componentes do *drive* de disco

São usados por um *drive* de disco, braços que se movimentam de forma rápida para ler e gravar em um *platter* (ou prato), que em um HDD típico consiste em um ou mais discos planos circulares revestidos de partículas magnéticas. A cabeça de leitura/gravação (R/W) transfere os dados do *platter* magnético para o computador.

> **Importante!**
>
> *Platters* são montados, em sua grande maioria, com o controlador e a cabeça de leitura/gravação. Juntos, são chamados de *drive* de disco rígido (HDD ou *hard disk drive*). Esses dados podem ser gravados e apagados inúmeras vezes em um disco magnético.

O *platter*, o eixo, a cabeça de leitura/gravação, o braço atuador e o controlador compõem um disco rígido. O *platter* é onde são gravados os dados em códigos binários, sequências de números 0 e 1. O conjunto de *platters* fica devidamente lacrado em uma caixa, *head disk assembly* (HDA). É um disco rígido revestido com material magnético nas duas superfícies, na superior e na inferior. Por meio da polarização da área magnética é que os dados são codificados e podem ser gravados ou mesmo lidos em ambas as superfícies do *platter*. Para que seja determinada a capacidade total de armazenamento do *drive*, verifica-se a capacidade de armazenamento e o número de *platters*.

Figura 5.7 – *Platters* em um HDD

Doug James/Shutterstock

Todos os *platters* são conectados por um eixo que, por sua vez, é conectado a um motor que gira em velocidade constante. A medida se dá em rotações por minuto (rpm). Essas velocidades ou deslocamentos de eixo são de 7.200, 10.000 ou 15.000 rpm. Em alguns *hosts* e na maioria dos computadores pessoais, os discos de armazenamento tem *platter* com diâmetro de 3,5", aproximadamente 90 mm. Quando o *platter* atinge a velocidade de 15.000 rpm, a parte externa desse *platter* se move em torno de 25% da velocidade do som (Somasundaram;

Shrivastava; EMC Education Services, 2011). A velocidade do *platter* em aumentado com o constante avanço das tecnologias, entretanto, existe um limite para seu aperfeiçoamento.

As cabeças de leitura/gravação (R/W), como o próprio nome indica, leem e gravam dados de ou para um *platter*. Esses *drives* têm duas cabeças por *platter*, de leitura/gravação, uma para cada superfície. Mudar a polarização magnética da superfície do *platter* quando está gravando os dados é a função da cabeça de leitura/gravação.

Durante os procedimentos de leitura e gravação,

> o dispositivo R/W sabe que ocorre a polarização magnética e as cabeças nunca toca a superfície do platter. Existe uma lacuna microscópica de ar entre as cabeças de leitura/gravação e os platters, que é conhecida como colchão de ar, e isso ocorre quando o eixo está girando. Quando o eixo para de girar e consequentemente a cabeça descansa sobre uma área especial no platter próxima do eixo, chamada de área de descanso, essa lacuna de ar é removida, e para a redução do atrito entre a cabeça e o platter é revestida com um lubrificante. (Somasundaram; Shrivastava; EMC Education Services, 2011, p. 51)

As cabeças são movidas para a área de descanso graças à lógica no *drive* de disco. Isso ocorre antes que se toque a superfície. Se o *drive* tiver algum problema de funcionamento e, com isso, a superfície do *platter* for tocada fora da área de descanso pela cabeça de leitura/gravação, danos são causados na cabeça de leitura/gravação. O resultado é a perda de dados.

Figura 5.8 – Os principais componentes de um HDD

- Discos (platters)
- Cabo flat
- Eixo
- Cabeça de leitura
- Braço de leitura
- Actuatorv
- Jumpers
- Porta SATA
- Conector de força

AndreyART/Shutterstock

Durante a montagem, as cabeças de leitura/gravação são colocadas no braço atuador, que as posiciona no local do *platter*, onde os dados precisam ser lidos ou gravados. Existem duas cabeças de leitura/gravação, uma para cada *platter* e são presas a um braço atuador, que se move pelos *platters* de forma simultânea.

Um controlador é uma placa de circuito impresso, devidamente montada na parte inferior de um *drive* de disco, composta por um microprocessador, memória interna, circuitos e *firmware*.

O *firmware* é responsável pelo controle do motor do eixo e a velocidade do motor e gerencia a comunicação entre o *host* e o *drive*, regulando as operações de leitura e gravação. Também move o braço atuador de forma alternada entre as diferentes cabeças de leitura/gravação, otimizando o acesso aos dados.

5.4.1 Estrutura física do disco

Os dados ficam gravados no disco, nas faixas que formam anéis concêntricos. Elas são localizadas no *platter*, em torno do eixo, sendo numeradas a partir do zero, começando na parte externa. Cada uma das faixas é dividida em unidades menores, que são denominados *setores*, as menores unidades de armazenamento endereçável de forma individual. O fabricante da unidade grava a estrutura de faixas e setores no *platter* por meio de uma operação de formatação. O número de setores por faixa varia de acordo com o *drive* específico e, dependendo das dimensões físicas e da densidade de gravação, pode haver milhares de faixas em um *platter*.

Um setor guarda 512 bytes de dados, mas alguns discos podem ser formatados com tamanhos maiores de setores. Um setor armazena, além dos dados do usuário, o número do setor, o número do cabeçote ou do *platter* e o número da faixa. Essas são informações que auxiliam o controlador na busca dos dados no *drive*, mas esse armazenamento ocupa espaço no disco. Por esse motivo, existe uma diferença entre a capacidade de um disco não formatado e de um formatado. Normalmente, os fabricantes de drives divulgam a capacidade não formatada. Um exemplo dessa diferença é apresentado em Somasundaram, Shrivastava e EMC Education Services (2011, p. 53): um disco anunciado como de 1 TB só armazena 931,4 GB de dados do usuário; os 68,6 GB restantes são usados para metadados.

O cilindro é o agrupamento de faixas idênticas nas duas superfícies de cada *platter* do *drive*. A referência da localização dos cabeçotes do *drive* é feita pelo número do cilindro e não pelo número da faixa.

5.4.2 Desempenho do *drive* de disco

Um *drive* de disco é o que controla o desempenho geral do ambiente do sistema de armazenamento, um dispositivo eletromagnético, mas, que sofre influência de diversos fatores. Entre eles está o tempo de serviço de disco, que é o que se gasta para completar uma solicitação de entrada ou saída (I/O). Alguns componentes contribuem para o tempo de serviço em um *drive* de disco. "São o tempo de busca, a latência rotacional e a taxa de transferência de dados" (Somasundaram; Shrivastava; EMC Education Services, 2011, p. 53).

O tempo de busca, também denominado *tempo de acesso*, é o tempo gasto para reposicionar e pousar na faixa correta o braço e a cabeça. Quanto menor é ao tempo de busca, mais rápida é a operação de I/O. São publicadas pelos fornecedores as seguintes especificações de tempo de busca:

- **Full Stroke**: O tempo gasto pela cabeça de leitura/gravação para se mover pelo comprimento inteiro do disco, da faixa mais interna até a mais externa.
- **Average**: O tempo médio gasto pela cabeça de leitura/gravação para se mover de uma faixa aleatória a outra, normalmente listado como o tempo de um terço de um full stroke.
- **Track-to-Track**: O tempo gasto pela cabeça de leitura/gravação para se mover entre faixas adjacentes (Somasundaram; Shrivastava; EMC Education Services, 2011, p. 56)

Todas essas especificações são medidas em milissegundos. Normalmente o tempo médio de busca em um disco fica entre 3 e 15 milissegundos, sendo ele mais influenciado nas operações de leitura das faixas aleatórias do que nas faixas adjacentes. Para minimizar esse tempo, Somasundaram, Shrivastava e EMC Education Services (2011, p. 56), indicam que os dados podem ser gravados em apenas um subconjunto de cilindros disponíveis, o que resulta em menor capacidade de uso do que a verdadeira capacidade do drive. Por exemplo, um drive de disco de 500 GB é configurada para usar apenas os primeiros 40% dos cilindros e é efetivamente tratada como um drive de 200 GB. Esse processo é conhecido como subutilização da capacidade do disco rígido no drive.

Os dados são acessados quando o braço atuador move a cabeça de leitura/gravação pelo *platter*, até localizar determinada faixa e quando o *platter* gira para posicionar o setor solicitado sob a cabeça. Esse tempo que o *platter* gasta para girar e, com isso, posicionar os dados sob a cabeça é a **latência rotacional**, que depende da velocidade de rotação do eixo. A medida utilizada é o milissegundo. A metade do tempo gasto para realizar uma rotação completa é a **latência rotacional média**, que é em média 5,5 ms para um *drive* de 5.400 rpm, e 2 ms para um *drive* de 15.000 rpm.

O volume médio de dados por unidade de tempo que o dispositivo utiliza para transferir para o HBA é a **taxa de transferência de dados**. É preciso entender o processo da leitura e gravação para calcular as taxas de transferência de dados. Quando ocorre uma operação de leitura, os dados partem primeiramente dos *platters* do disco, seguindo para os cabeçotes de leitura/gravação. Só então vão para o *buffer* interno do *drive*, seguindo por meio da interface até o HBA *host*.

Já em uma operação de gravação, os dados iniciam no HBA, seguindo para o *buffer* interno do *drive* de disco por meio da interface do *drive*. Assim, os dados passam do *buffer* para os cabeçotes de leitura/gravação, seguindo finalmente, das cabeças para os *platters*. Essas taxas de transferência de dados, quando em operações de leitura/gravação são medidas tanto em taxas de transferência interna quanto em taxas de transferência externa.

A **taxa de transferência interna** é a velocidade em que os dados passam de uma única faixa da superfície de um *platter* para o *buffer* interno do disco, levando em consideração alguns fatores, como o tempo de busca. Já a **taxa de transferência externa** é a velocidade em que os dados podem ser movidos por meio da interface para o HBA. Usualmente, a taxa de transferência externa é a velocidade que se encontra na interface, como, por exemplo: 33 MB/s para ATA, sendo essa taxa, contínua, mais baixa que a velocidade da interface.

5.5 Componentes lógicos do *host*

Tendo tratado do *host*, passamos a versar sobre seus componentes lógicos: os aplicativos de *software* e os protocolos que habilitam a comunicação de dados com o usuário e os componentes físicos. Há, então, os seguintes componentes de um *host*: sistema operacional; *drivers* de dispositivos; gerenciador de volume; sistema de arquivos e aplicativo.

Quem controla os aspectos importantes do ambiente computacional é o sistema operacional (SO), que atua entre o aplicativo e os diversos componentes físicos desse sistema. O acesso aos dados é um dos serviços fornecidos pelo aplicativo, que monitora e responde às ações que ocorrem pelos usuários na utilização do ambiente. Ele também controla e organiza os componentes de *hardware*, gerenciando a alocação dos recursos ali disponíveis. Por fim, oferece segurança básica para o correto acesso e devido uso de todos os recursos gerenciados. "Um SO também desempenha outras tarefas básicas, desde o gerenciamento de armazenamento ao mesmo tempo em que gerencia diversos componentes relacionados, que vão desde o sistema de arquivos até o gerenciador de volume e os *drivers* de dispositivos" (Somasundaram; Shrivastava; EMC Education Services, 2011, p. 50).

Para que haja interação entre o SO e algum dispositivo específico, como uma impressora, um *mouse* ou um disco rígido, é utilizado um *software* especial, no caso específico, um *driver* de dispositivo. Ele permite ao SO reconhecer o respectivo dispositivo e utilizar uma interface padrão para que possa acessá-lo e controlá-lo. Isso depende de *hardware* e SO específicos.

No princípio, um HDD aparecia para o SO como um número de blocos de disco contínuos e era inteiramente alocado para o sistema de arquivos ou alguma entidade de dados utilizada pelo SO ou mesmo pelo aplicativo. Sua principal desvantagem era a falta de flexibilidade: Quando sucedia de um HDD encontrar-se com pouco espaço livre, era muito difícil aumentar o tamanho desse sistema de arquivos. Com os constantes aumentos da capacidade de armazenamento de um HDD, a tarefa de alocá-lo inteiramente no sistema de arquivos quase sempre resultava na subutilização da capacidade de armazenamento.

Para otimizar a flexibilidade e até a utilização dos HDDs, introduziu-se o particionamento de disco, com divisão em contêineres lógicos, que eram chamados *volumes lógicos*. Um HDD grande pode ser particionado em diversos volumes lógicos e, com isso, manter os dados de acordo com as necessidades do aplicativo e do sistema de arquivos que acessa as partições, mesmo sem conhecer o particionamento e a estrutura física do disco.

Concatenação é o processo em que são agrupados diversos *drives* menores, aparecendo para o *host* como um *drive* lógico. A evolução dos gerenciadores de volumes lógicos, Logical Volume Managers (LVM), habilitou a extensão dinâmica da capacidade do sistema de arquivos e como resultado propiciou mais eficiência na manutenção e no gerenciamento do armazenamento.

O LVM é um *software* executado no *host* e que tem a função de gerenciar o armazenamento lógico e físico. Funciona como uma camada intermediária que pode existir e que age entre o disco físico e o sistema de arquivos, com a possibilidade de agregar diversos discos menores com a finalidade de criar um disco virtual maior ou mesmo particionar um disco grande em discos virtuais de menor capacidade.

O LVM fornece acesso otimizado ao armazenamento, simplificando o gerenciamento de recursos. Ele deixa detalhes escondidos sobre o disco físico, permitindo aos administradores alterar a alocação do armazenamento sem que haja alterações no *hardware*, inclusive quando o aplicativo estiver sendo executado.

Em determinado grupo de volumes, podem ser criados os já referidos volumes lógicos, que são uma partição de disco virtual. É possível existir uma quantidade de volumes lógicos em um grupo, podendo seu tamanho depender de um múltiplo das extensões físicas. Em um SO, o volume lógico aparece como um dispositivo físico, sendo possível criar um sistema de arquivos. Ele pode ser configurado para aperfeiçoar a *performance* para o aplicativo e proporcionar o melhor fornecimento dos dados se for espelhado.

Define-se *arquivo* como um grupo de registros, ou mesmo dados, que estão armazenados com determinado nome. Já um *sistema de arquivos* é uma estrutura hierárquica de arquivos. Esses sistemas agilizam o acesso aos arquivos, localizados em um *drive* de disco, partição de disco ou volume lógico. Necessita, para tal, de estruturas lógicas baseadas no *host* e rotinas de *software* que monitorem o acesso a esses arquivos. O acesso que ocorre nos discos é controlado pelas permissões dadas ao arquivo pelo respectivo proprietário, que são mantidas pelo sistema de arquivos.

O uso de diretórios é uma forma "estruturada e hierárquica que um sistema de arquivos organiza os dados" (Somasundaram; Shrivastava; EMC Education Services, 2011, p. 63). Esses diretórios são locais utilizados para armazenamento de ponteiros para múltiplos arquivos.

Importante!

Em todos os sistemas de arquivos, existe um mapa de diversos ponteiros indicando os diretórios, subdiretórios e arquivos que estão fazendo parte do sistema de arquivos.

De acordo com Somasundaram, Shrivastava e EMC Education Services (2011), os sistemas de arquivos mais comuns são os seguintes: FAT 32 (File Allocation Table) do Microsoft Windows; NT File System (NTFS) para o Microsoft Windows; UNIX File System (UFS) para o UNIX; Extended File System (EXT/32) para o Linux.

O sistema de arquivos contempla também uma quantidade de outros registros relacionados, além dos arquivos e diretórios, que de forma coletiva, são denominados *metadados*. Os metadados em um ambiente UNIX, que "consistem em superbloco, inodes, e a lista de blocos de dados livres e em uso" (Somasundaram; Shrivastava; EMC Education Services, 2011, p. 63). Contextualizando, o inode, ou um "nó-i", é uma estrutura de dados que serve para representar determinado objeto do sistema de arquivos, podendo ser uma de várias coisas, inclui-se nessa circunstância um arquivo ou diretório (Weblink, 2017).

Para estarem em perfeitas condições de uso, os metadados de um sistema de arquivos têm de ser consistentes. Algumas informações importantes sobre o sistema de arquivos estão em um **superbloco**. Essas informações incluem o tipo, as datas que ocorreram a criação e a modificação, o tamanho, o número de blocos e inodes livres, além de um marcador para mostrar a atual condição do sistema de arquivos. Isso é associado a cada arquivo e diretório, abrangendo informações sobre o comprimento do arquivo, o seu proprietário, os privilégios de acesso, o último acesso/modificação, os número de conexões e os endereços para encontrar a localização no disco rígido onde os dados reais se encontram armazenados.

O menor "contêiner" de espaço físico em disco alocado para dados é um bloco de sistema de arquivos, sendo que cada bloco é uma área contínua no disco físico e o tamanho desse bloco é fixado durante sua criação. É em conformidade com o tamanho do bloco e do número total de blocos de dados que estão armazenados que se determina o tamanho do sistema de arquivos. Como a maioria dos arquivos são maiores do que os tamanhos de blocos no sistema de arquivos, um arquivo pode se espalhar por múltiplos blocos. Os blocos de sistemas de arquivos tornam-se fragmentados sempre que novos blocos são excluídos ou adicionados, e enquanto os arquivos aumentam, o sistema de arquivos se torna cada vez mais fragmentado.

Conter ou não um diário é uma das prerrogativas de um sistema de arquivos; entretanto, os que não o contêm criam um potencial para que ocorra a perda de arquivos. Por usar muitas gravações separadas para atualizar seus dados e metadados, pois se acontecer uma falha do sistema quando ocorrer o processo de gravação, podem ser perdidos ou mesmo corrompidos os dados.

O SO, ao ser reinicializado, faz o sistema de arquivos atualizar as estruturas dos metadados, examinando-as e reparando-as, mas essa pode ser uma operação demasiadamente demorada em sistemas que tenham arquivos grandes. Podem ocorrer muitos problemas, desde a perda dos dados até a disposição destes em lugares errados. Tais arquivos também podem ser perdidos se houver informações insuficientes para a recriação da estrutura original ou desejada, o que resultaria em sistemas de arquivos danificados ou corrompidos.

Preste atenção!

Um sistema de arquivos de registro diário usa uma área separada chamada *registro diário*. Esse diário pode conter todos os dados a serem gravados (diário físico) ou apenas os metadados a serem atualizados (diário lógico). Antes que as alterações sejam feitas no sistema de arquivos, elas são gravadas nesta área separada. Assim que o diário tiver sido atualizado, a operação pode ser executada no sistema de arquivos (Somasundaram; Shrivastava; EMC Education Services, 2011).

De acordo com Somasundaram, Shrivastava e EMC Education Services (2011, p. 66), **aplicativo** é "o nome dado aos programas de computador que fornecem lógica de operações computacionais e fornecem uma interface entre o usuário e o *host* ou múltiplos *hosts*".

Os aplicativos de negócios mais utilizados e que fazem uso de banco de dados apresentam três camadas:

1. a interface do usuário, que forma a camada externa;
2. a lógica computacional, que forma a camada intermediária; e
3. os bancos de dados, que constituem a camada mais interna.

O processo tem início com o aplicativo enviando solicitações para o SO executar as operações que envolvem a leitura e a gravação (R/W) a ser realizada nos dispositivos de armazenamento. As operações (R/W) permitem transações entre as camadas interna e externa.

Classificar os acessos efetuados aos dados em nível de bloco ou de arquivo é uma alternativa, que depende de que o aplicativo utilize um endereço de bloco lógico ou o próprio nome do arquivo.

O acesso em nível de bloco é o mais básico mecanismo de acesso a discos e, com ele, os dados são armazenados e, posteriormente, recuperados dos discos. Para isso, utilizam-se as especificações dos endereços lógicos de blocos, que são derivadas da configuração geométrica dos discos. A definição do tamanho do bloco é realizada por um aplicativo na unidade básica de armazenamento e da recuperação dos dados. Nos bancos de dados, como o MySQL, Oracle e o SQL Server, quando uma operação de I/O é executada, são definidos o tamanho do bloco para acesso aos dados e, ao mesmo tempo, a localização desses dados no disco, em termos do endereço de bloco lógico.

A abstração do acesso em nível de bloco é o acesso em nível de arquivo e é fornecido por meio da especificação do nome e do caminho do arquivo. Utiliza-se o acesso em nível de bloco correspondente para que haja o armazenamento escondendo as complexidades do endereçamento de bloco lógico do aplicativo e do SGBD.

Síntese

Neste capítulo, apresentamos alguns *softwares* (Nuxeo, Archivematica e Ica-Atom), amplamente utilizados para atender às necessidades arquivísticas. Também detalhamos o ambiente do sistema de armazenamento, abordando o *host* e a conectividade. Detalhamos o percurso dos dados que partem de um aplicativo seguindo até o armazenamento através desses componentes. Os desempenhos gerais do ambiente do sistema são afetados pelos componentes físicos e lógicos dessas entidades.

O elemento mais importante nesse ambiente é o armazenamento e o disco rígido (HDD) é o artefato mais apreciado, pois emprega a mídia magnética para guardar e acessar dados. Analisando de forma lógica, o HDD contém os setores, as faixas e os cilindros, que são as matrizes da base do endereçamento nos discos.

Questões para revisão

1. Relacione os *softwares* aos respectivos conceitos:

    (A) Nuxeo
    (B) Archivematica
    (C) Ica-Atom

    ( ) *Software* de código aberto, é o primeiro passo a ser desenvolvido em iniciativas voltadas para implantação de funções arquivísticas nas organizações.
    ( ) Ferramenta de código aberto. O *software* tem como objetivo descrever os documentos arquivísticos que estão de acordo com as Normas do Conselho Internacional de Arquivos.

( ) Produto que torna possível iniciar um *workflow* que analisa o ciclo de vida de todos os documentos utilizados na organização, apoiada em uso extensivo de metadados, que facilitam busca e compreensão da forma e do conteúdo de todos os documentos, registrados e em utilização controlada no interior da organização
( ) Conjunto integrado de ferramentas de *software* de fonte aberta que permite aos usuários processar objetos digitais e administrá-los para acessar em conformidade com o modelo funcional ISO-OAIS.
a) A, C, A, B.
b) B, C, A, A.
c) A, B, C, B.
d) A, B, B, B.
e) C, B, A, A.

2. Para que os dados sejam guardados, são utilizadas memórias e mídias de armazenamento e implementados os módulos de memória por meio de *chips* semicondutores. Um *host* utiliza normalmente dois tipos de memórias, ROM e RAM. Sabendo disso, marque com V as alternativas verdadeiras e com F as falsas.
   ( ) Memória ROM significa *ready only memory*, que traduz a ideia de memória somente para leitura.
   ( ) A memória RAM em suas operações permite leitura e gravação.
   ( ) Em seus conteúdos, na memória RAM, ficam os programas e dados em uso naquele momento.
   ( ) Quando o computador é desligado, a memória RAM perde o conteúdo.

   Assinale a alternativa que apresenta a sequência correta de preenchimento dos parênteses:

a) F, F, V, V.
b) V, F, F, V.
c) V, V, V, V.
d) V, F, V, V.
e) F, V, V, F.

3. A respeito dos dispositivos de armazenamento, assinale a alternativa correta:
   a) Por muito tempo, a mídia mais popular utilizada para as cópias de segurança foram as fitas, devido principalmente a seu baixo custo.
   b) Atualmente, um grande número de *drives* de fitas é hospedado nos *data centers*.
   c) No armazenamento por fitas, não existem limitações, pois os dados são armazenados de forma linear pela extensão da fita e, com isso, acaba levando pouco tempo para localizar os dados.
   d) Vários aplicativos podem acessar os dados armazenados em fita.
   e) O armazenamento em fita não é realizado atualmente.

4. A concatenação é o processo onde são agrupados diversos *drives* menores, aparecendo para o *host* como um *drive* lógico. A evolução dos gerenciadores de volumes lógicos, Logical Volume Managers (LVM), habilitou a extensão dinâmica da capacidade do sistema de arquivos e, como resultado, propiciou mais eficiência na manutenção e no gerenciamento do armazenamento. Descreva o que é LVM.

5. A CPU é composta por quatro componentes principais. Dentre eles, descreva o que são registradores.

Questão para reflexão

1. As TICs são amplamente utilizadas por pessoas e organizações. Diversos equipamentos e *softwares* são empregados na missão de proteger dados e informações sigilosas. Analise e apresente um questionamento, de acordo com o que foi discutido no capítulo, sobre a influência que o uso da tecnologia da informação assumiu nos processos de gestão eletrônica de documentos.

SEGURANÇA, PRIVACIDADE E CONFIABILIDADE

Conteúdos do capítulo
- Segurança da informação.
- Privacidade.
- Confiabilidade.
- Redundância.
- Estrutura de segurança da informação.

Após o estudo deste capítulo, você será capaz de:
1. detalhar a segurança da informação;
2. definir privacidade;
3. explicar a importância da confiabilidade;
4. identificar o que é redundância de dados;
5. analisar a estrutura de segurança de informação.

No que diz respeito à construção de repositórios de documentos confiáveis (RDC), um plano que busca atender diferentes aspectos legais tem de se apoiar na garantia da segurança da informação. Esses aspectos referem-se à segurança da informação, à garantia de sua privacidade, ao atendimento às necessidades de confiabilidade e à eliminação de redundância.

Neste capítulo, abordaremos o tema da segurança da informação e todos esses itens a ela relacionados.

6.1 Segurança da informação

Entre as principais áreas da gestão em tecnologia da informação está a garantia da segurança. Martins e Santos (2005) creditam aos sistemas de segurança da informação (SGSI) o ponto de partida para que as informações arquivadas por sistemas sejam consideradas seguras. Para os autores, um dos tópicos fundamentais da estratégia organizacional é a importância da garantia da segurança de informações confidenciais armazenadas por esses sistemas. Nesse cenário, todos os colaboradores da organização devem aderir a uma política eficaz de segurança da informação, estabelecida no desenvolvimento dos SGSI. Isso porque são justamente os colaboradores os potenciais vazadores de informações e, consequentemente, os que podem quebrar a segurança.

Para finalizar e dar como acreditado um sistema de garantia da segurança da informação, são necessários sistemas de auditoria interna, os quais permitem levantar se a informação que está sendo cadastrada tem o apoio de procedimentos e instruções operacionais adequadas e eficazes. Todos os setores da organização devem atuar em conformidade com os procedimentos e documentos normativos.

Esse tema, a segurança da informação, principalmente em virtude do elevado número de ataques virtuais organizados por cibercriminosos, é, com certeza, um dos mais importantes para as organizações públicas ou privadas. Nesse contexto, tem sido constante a atuação de todos os envolvidos, não só das equipes de TI, no combate a essas invasões. Entretanto, para que haja sucesso nessa empreitada, é necessária a atenção aos três pilares que sustentam a segurança em TI: confidencialidade, integridade e disponibilidade.

6.2 Confidencialidade/privacidade, integridade/confiabilidade, disponibilidade e redundância

O quesito **confidencialidade** relaciona-se intimamente à privacidade dos dados e às ações tomadas para assegurar que informações confidenciais e críticas não sejam roubadas pelos cibercriminosos. A **privacidade** equivale à soma das medidas tomadas por pessoas ou organizações para proteger as informações que elas armazenam. No caso das organizações, tratamos das medidas adotadas para proteger as grandes bases de dados, resultantes do *data mining* (mineração de dados) e do *data warehouse* (armazém de dados), de modo a garantir que "elas não sejam acessadas por pessoas não autorizadas e também para elevar o grau de integridade dos dados" (Kolbe Júnior, 2017, p. 85).

Na atualidade, é inquestionável que crescem o riscos relacionados à perda da privacidade. A maioria das organizações está conectada à rede mundial de computadores, e nem sempre toma cuidados básicos. São muito comuns as tentativas de invasão de privacidade, tanto na esfera pessoal quanto na profissional, principalmente em uma época em que as redes estão cada vez mais conectadas. Existe, ainda, o interesse na descoberta e na apropriação das informações das organizações e das pessoas para os mais diversos fins (Kolbe Júnior, 2017).

A **Integridade** refere-se à preservação da precisão, da consistência e da confiabilidade das informações e dos sistemas utilizados pela empresa ao longo dos processos. É de vital importância que os dados, quando circulam ou mesmo quando são armazenados, mantenham sua integridade, ou seja, estejam do mesmo modo como quando foram criados, sem a interferência externa, para que não sejam comprometidos ou danificados.

A **confiabilidade** dos dados armazenados por sistemas de informação relaciona-se à gestão da qualidade da informação nas organizações, atividade que envolve elementos altamente complexos. Segundo Sordi, Meireles e Grijo (2008), essa gestão é necessária como forma de assegurar a confiabilidade de dados armazenados por tais sistemas.

Esse parâmetro utilizado para avaliação da qualidade da segurança da informação na organização é decorre de uma certificação que, para além da veracidade (pressuposto básico), garante autoridade e confiabilidade da fonte. Uma informação pode ser verdadeira, mas não necessariamente confiável, sem esse complemento. Nesse caso, estão sendo utilizadas fontes de informação fidedignas, posição esta defendida por Rodrigues e Blattmann (2014). Quando apoiada em fontes de informação confiáveis, a organização pode, então, considerar-se cercada de um cuidado inicial, sem o qual, toda e qualquer movimentação posterior fica em risco.

A **disponibilidade** refere-se ao tempo e à respectiva acessibilidade aos dados e sistemas da organização, com o propósito de disponibilizar os dados e as informações para consulta a qualquer momento. É importante elaborar um plano de Recuperação de Desastres (RD), no qual devem constar procedimentos e diretrizes para administrar crises, recuperar dados perdidos e dar continuidade aos negócios.

Também a **redução** dos custos de byte armazenado tende a atenuar o excessivo rigor observado em algumas iniciativas, com associação à supressão da redundância, quando a preocupação é apenas financeira. Mas ainda permanecem as questões de controle de redundância, com uma possível perda da veracidade e dificuldade de manutenção, aspectos ainda em destaque. Nessa ótica, é possível considerar que a redundância é capaz de ilustrar um quadro de dúvidas quando não está sendo aceita de forma programada e controlada.

Na sequência de nossa abordagem, analisaremos as questões que devem ser levadas em consideração com relação à segurança, à privacidade e à confiabilidade dos arquivos digitais. Também é importante a análise de questões sobre a garantia de privacidade e confiabilidade dos arquivos. Também apresentaremos os fundamentos e as orientações para a preservação digital de documentos, investigando fundamentos teóricos e análise da cadeia de custódia, em uma visão prévia reservada.

6.3 Estrutura de segurança do armazenamento

São quatro os serviços de segurança que constroem a estrutura de segurança básica:

1. controle ou responsabilidade;
2. confidencialidade;
3. integridade; e
4. disponibilidade.

A estrutura de segurança básica incorpora todas as medidas de segurança necessárias para diminuir sensivelmente as ameaças a esses quatro atributos primários. Organizamos o Quadro 6.1 para evidenciar essas questões.

Quadro 6.1 – Atributos primários de segurança

Serviço	Descrição
Responsabilidade	Refere-se a todos os eventos e operações que ocorram na infraestrutura do data center. O serviço de responsabilidade mantém um registro de eventos que podem ser auditados ou rastreados posteriormente por motivo de segurança.
Confidencialidade	Fornece o sigilo de informação necessário e assegura que apenas usuários autorizados tenham acesso aos dados. Este serviço autentica usuários que precisam acessar informações e geralmente cobre tanto dados em trânsito (transmitidos por cabos) quanto armazenados (em uma mídia de backup ou em arquivos).
Integridade	Assegura que as informações não sejam alteradas. O objetivo do serviço é detectar e proteger contra a alteração ou exclusão não autorizada de informações. Semelhantes aos serviços de confidencialidade, os de integridade trabalham em colaboração com o serviço de responsabilidade para identificar e autenticar os usuários. Os serviços de integridade estipulam medidas para dados em trânsito e armazenados.
Disponibilidade	Garante que usuários autorizados tenham acesso confiável e apropriado aos dados. Estes serviços permitem aos usuários acessar os sistemas computacionais, além dos dados e aplicativos necessários presentes nestes sistemas. Serviços de disponibilidade também são implementados em sistemas de comunicação usados para transmitir informações entre computadores que podem estar em diferentes locais. Isso assegura a disponibilidade da informação caso ocorra uma falha em determinado local. Estes serviços devem ser implementados para dados eletrônicos e físicos.

Fonte: Elaborado com base em Somasundaram; Shrivastava; EMC Education Services, 2011, p. 362; Kolbe Júnior, 2017, p. 158.

6.3.1 Proteção da infraestrutura de armazenamento

A internet está sujeita a ataques por ser de acesso global e utilizada em inúmeros artefatos tecnológicos, como dispositivos móveis, computadores pessoais, servidores, redes de armazenamento, entre outros.

Em todos os momentos, informações valiosas circulam pelas redes, desde identidades pessoais e operações financeiras a documentos de propriedade intelectual. Elas ficam armazenadas em *storage arrays*, também chamados de *matriz de armazenamento* ou de *matriz de discos*. Trata-se de um sistema de armazenamento de dados baseado em bloco, em arquivo ou objeto. O termo designa o *hardware* de armazenamento dedicado que contém unidades de disco rígido (HDDs) girando e/ou unidades de disco de estado sólido (TechTarget, 2019).

Como os armazenamentos ficaram mais expostos às inúmeras ameaças à segurança, isso pode de forma exponencial danificar dados vitais para qualquer negócio, interrompendo serviços críticos. No processo de gerenciamento de armazenamento, tornou-se imprescindível a proteção das redes, sendo essa uma tarefa intensa e muito necessária. Isso é essencial para que haja gerenciamento e a consequente proteção de informações importantes.

6.4 Riscos à segurança

Ameaças, bens e vulnerabilidades são a tríade de riscos que definem as probabilidades de perigo. Os riscos aparecem normalmente quando um invasor tenta de alguma forma acessar algum bem explorando as vulnerabilidades que existem.

O foco das organizações para gerenciar riscos são as vulnerabilidades, pois é impossível eliminar as constantes ameaças que aparecem em diversas formas e origens. Mas é possível instalar contramedidas com vistas a dirimir os impactos resultantes de um agente ameaçador e, com isso, reduzir a vulnerabilidade.

O primeiro passo é a avaliação de riscos, fase em que se verificam as potenciais ameaças em uma infraestrutura de TI, além de serem considerados os riscos no processo, ajudando a identificar controles apropriados para, então, poder atenuá-los ou preferencialmente eliminá-los. Para determinar a probabilidade de um evento adverso ocorrer, todas as ameaças à infraestrutura de TI devem ser devidamente analisadas em conjunto com as iminentes vulnerabilidades e os existentes controles de segurança.

O impacto que um evento adverso tem sobre as atividades críticas dos negócios e transações da organização deve ser analisado, e um valor relativo de criticidade e sensibilidade deve ser atribuído a bens e recursos de TI.

De acordo com Somasundaram, Shrivastava e EMC Education Services (2011, p. 358), os elementos-chave da tríade de riscos – bens, ameaças e vulnerabilidade – devem ser considerados sob a perspectiva de identificação de riscos e análise de controle.

6.4.1 Bens

Nas organizações, um dos bens imprescindíveis são as informações. Contudo, outros bens são necessários para se ter acesso a essas informações. São eles: *hardware, software* e infraestrutura de rede. Para que tudo isso esteja protegido, um agrupamento de parâmetros deve ser desenvolvido pelas organizações, pois isso pode garantir a disponibilidade dos recursos aos usuários autorizados, além de tornar disponíveis redes confiáveis. Todos esses parâmetros são aplicados nos recursos de armazenamento, na infraestrutura de rede e nas políticas organizacionais.

Muitos fatores devem ser considerados quando se planeja a segurança dos bens, entre eles:

- os usuários autorizados devem ter acesso fácil e garantido à rede;
- a segurança deve ser estável e confiável sob condições ambientais adversas e volumes de uso muito diferentes;
- deve ser dificultado o máximo possível qualquer acesso de potencial invasor que comprometa o sistema.

Todo acesso não autorizado aos recursos da organização deve ter proteção contra vírus, cavalos de Troia *worms*, e quaisquer outros tipos de *softwares* mal-intencionados. Diferentes medidas de segurança igualmente devem ser tomadas. Dentre elas, podemos citar a criptografia de dados críticos e a desabilitação dos serviços que não estão sendo utilizados. Com essas ações, o número de potenciais falhas de segurança pode ser minimizado.

Atualizações no sistema operacional e em outros tipos de *software* devem er instaladas regularmente como método de segurança. Também deve ser fornecida redundância adequada na forma de replicação e espelhamento dos dados para evitar perdas catastróficas de dados em caso de falha não esperada. Enfim, para que tudo funcione sem sobressaltos, é imprescindível garantir que todos os usuários estejam devidamente informados sobre as políticas utilizadas para controlar o uso da rede.

Dois critérios servem para medir a eficácia da metodologia de segurança de armazenamento aplicada. O primeiro deles tem o objetivo de que o custo da implementação do sistema seja uma fração do valor dos dados a serem protegidos. O outro, assegura que o comprometimento do sistema custe ao pretenso invasor, tanto em termos de dinheiro como de tempo, bem mais do que o valor dos dados protegidos.

Preste atenção!

Há dois tipos de ataques passivos. São eles o *eavesdropping* (acesso não autorizado à escuta de uma conversa) e o *snooping*

> (acesso não autorizado aos dados de outro usuário). De modo geral, *eavesdropping* e *snooping* são sinônimos (Somasundaram; Shrivastava; EMC Education Services, 2011, p. 364)

De modo frequente, alguns *hackers* mal-intencionados,

> utilizam equipamento e técnicas de snooping, como key loggers, para interceptar e-mails e transmissões de dados privados, mas, principalmente para monitorar o teclado, guardar senhas e informações de log-in. Em algumas organizações são executados, eventualmente, snooping, em funcionários com o intuito de monitorar a utilização dos computadores da empresa e para registrar o uso da Internet. (Somasundaram; Shrivastava; EMC Education Services, 2011, p. 360)

6.4.2 Ameaças

Potenciais ataques em uma infraestrutura de TI são encarados como ameaças, podendo ser ataques ativos ou passivos. Os **ataques passivos** são aquelas tentativas de obter acesso não autorizado ao sistema, introduzindo riscos à confidencialidade das informações. Já nos **ataques ativos** se enquadra a modificação de dados, DoS (*denial of service*), a negação de serviço e ataques de recusa, impondo riscos à integridade e à disponibilidade dos dados.

Deliberações mal-intencionadas ocorrem em um ataque de modificação de dados, nos quais um usuário não autorizado tenta alterar as informações com propósito de atingir os dados armazenados ou em trânsito, ameaçando sua integridade.

Os ataques de DoS fazem usuários legítimos terem seu acesso negado. De forma genérica, esses ataques não envolvem acesso nem modificação de informações no sistema computacional, mas ameaçam a disponibilidade dos dados. A intencionalidade de inundar de acessos a rede ou mesmo um *site*, impossibilitando o acesso de usuários autorizados, é um exemplo.

Um invasor promove o ataque DoS, enviando vários pacotes a um único servidor (computador), ou seja, quando ocorre a recusa do servidor, há um ataque ao controle das informações. No ataque, o invasor busca fornecer informações falsas, impedindo a ocorrência de uma transação ou evento ou até mesmo fingindo ser alguém. Diferentemente do ataque DoS, o ataque DDoS é distribuído a várias máquinas.

As várias formas de ataque e os serviços de segurança utilizados para gerenciá-los estão expostos no Quadro 6.2.

Quadro 6.2 – Diferentes formas de ataques e serviços de segurança utilizados para gerenciá-los

Ataque	Confidencialidade	Integridade	Disponibilidade	Controle
Acesso	×			×
Modificação	×	×		×
Negação de serviço			×	
Recusa		×		×

6.4.3 Vulnerabilidade

Os caminhos mais vulneráveis aos ataques são aqueles que dão acesso às informações, sendo que cada um deles pode conter inúmeros pontos de acesso, fornecendo diferentes níveis de acesso aos recursos de armazenamento. Em todos os itens de uma dessas alternativas de acesso, deve-se implementar controles de segurança adequados. Essa implementação de controles de segurança é chamada de *defesa integral*.

Recomenda-se a proteção de todos os pontos de acesso de um ambiente para se ter uma defesa integral. Com isso se reduz a vulnerabilidade a um pretenso invasor que, por algum acaso, contornando os controles de acesso, tenha conseguido ter acesso a recursos de armazenamento implementados no único ponto de acesso vulnerável. Com essa investida, a segurança dos bens de informação pode ser posta em risco. Uma possível falha na autenticação de algum usuário pode colocar em risco toda a confidencialidade da informação, bem como um ataque de DoS contra um dispositivo de armazenamento pode ameaçar a disponibilidade das informações.

Quando tratamos da dimensão da insegurança de um ambiente, devemos considerar três fatores: a superfície de ataque, o vetor de ataque e o fator de trabalho. É preciso reconhecer os diversos pontos de entrada que um invasor pode utilizar para atacar.

Cada um dos componentes que formam uma rede de armazenamento passa a ser uma fonte de potencial vulnerabilidade. As interfaces externas suportadas por esse componente, bem como as interfaces de *hardware*, as interfaces de gerenciamento e os protocolos suportados podem em algum momento ser exploradas por um invasor. São essas interfaces que formam a superfície de ataque para que o invasor possa agir. Até aqueles serviços de rede, abandonados, sem uso, se por algum motivo estiverem habilitados, podem ser parte da **superfície de ataque**.

Um dos passos para se completar um ataque é o **vetor de ataque**. Por exemplo:

> um invasor poderia explorar uma falha na interface de gerenciamento para executar um ataque *snoop*, em que o invasor modifica a configuração do dispositivo de armazenamento para permitir que o tráfego seja acessado a partir de mais um *host*. Esse tráfego redirecionado pode ser utilizado para vasculhar os dados em trânsito. (Somasundaram; Shrivastava; EMC Education Services, 2011, p. 365).

A quantia de tempo e de esforço necessária para explorar um vetor de ataque equivale ao **fator de trabalho**. Por exemplo, se os invasores tentam recuperar informações sensíveis, analisam o tempo e o esforço que seriam necessários para a execução de um ataque em um banco de dados. Isso pode incluir a determinação de contas com privilégios, a avaliação do esquema do banco de dados e a escrita de consulta SQL. Em vez disso, baseados no fator de trabalho, eles consideram uma forma menos trabalhosa de explorar o storage array atacando-o diretamente e lendo dos blocos de disco brutos. (Somasundaram; Shrivastava; EMC Education Services, 2011, p. 365)

As organizações podem planejar e implantar as medidas necessárias de controle de forma para que a vulnerabilidade seja reduzida, as superfícies de ataque minimizadas e o fator de trabalho maximizado. Isso tudo após a avaliação da vulnerabilidade do ambiente de rede quanto a essas ameaças de segurança. Elas, inclusive, podem ser de dois tipos: de controles técnicos ou controles não técnicos.

Os controles técnicos geralmente são implantados a partir de sistemas computacionais. Os controles não técnicos são implantados a partir do momento que os meios de controles administrativos e físicos, que contemplam procedimentos-padrão, são inicializados, para que sejam capazes de direcionar a execução segura de diversas operações e ainda as políticas de segurança e de pessoal. Nos controles físicos são incluídos estabelecimento de barreiras físicas como cercas, guardas de segurança ou trancas.

Os controles podem ser classificados como de prevenção, de detecção, de correção, de recuperação ou de compensação, a partir dos papéis que executam. Em nosso trabalho, veremos que o enfoque dos controles de prevenção é que eles tentam evitar o ataque. Já os de correção e detecção revelam se um ataque está acontecendo. Após um ataque ter sido detectado, são implementados os controles de correção.

Os controles de prevenção são utilizados principalmente para evitar que as vulnerabilidades sejam exploradas e, com isso, previnem um possível ataque, ou ao menos reduzem seu impacto. Os controles de correção reduzem o efeito de um ataque, já os controles de detecção reconhecem ataques disparando controles de prevenção ou de correção.

Existe o Intrusion Detection/Intrusion Prevention System (IDS/IPS), que é um controle de detecção que identifica um ataque em curso e, em caso positivo, tenta impedi-lo, encerrando uma conexão de rede ou mesmo chamando uma regra de *firewall* para, então, bloquear o tráfego.

6.5 Domínios de segurança de armazenamento

Todos os dispositivos de segurança não conectados a uma rede de armazenamento ficam menos vulneráveis, pois não estarão expostos a ameaças à segurança via redes. Entretanto, uso de redes em ambientes de armazenamento tem se ampliado e, com isso, os dispositivos de armazenamento estão se tornando cada vez mais vulneráveis às ameaças que surgem de diversas origens. Para garantir um ambiente seguro, devem ser implementados controles específicos. Essa situação requer exames mais próximos na segurança da rede de armazenamento e uma compreensão bem clara dos possíveis caminhos de acesso que se encaminham aos recursos de armazenamento.

Quando determinado caminho não está autorizado e necessita ser proibido por controles técnicos, é preciso assegurar que esses controles não estejam comprometidos. Quando cada um dos componentes contidos na rede de armazenamento é, então, considerado um potencial ponto de acesso, é necessário superfície de ataque de cada um desses pontos de acesso, a fim de propiciar e definir a vulnerabilidade associada.

Para identificar as ameaças e perigos associados à rede de armazenamento, pode-se classificar os caminhos de acesso ao armazenamento de dados em três domínios de segurança: acesso ao aplicativo, acesso ao gerenciamento e BURA (*backup*, recuperação e arquivamento).

A Figura 6.1, a seguir, mostra os três domínios de segurança de um ambiente de sistema de armazenamento.

Figura 6.1 – Três domínios de segurança do armazenamento de dados

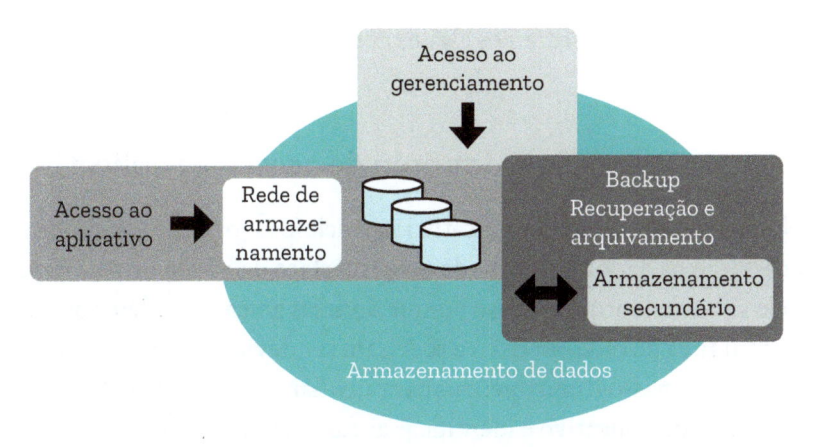

Fonte: Somasundaram; Shrivastava; EMC Education Services, 2011, p. 367.

No primeiro domínio de segurança estão envolvidos os acessos dos aplicativos aos dados armazenados na rede de armazenamento. No segundo domínio, está incluso o acesso de gerenciamento ao armazenamento e aos dispositivos de interconexão em conjunto com os dados que podem ser encontrados nesses dispositivos. É nesse domínio que o acesso primário é realizado por administradores de armazenamento, que configuram e gerenciam o ambiente. Já o terceiro domínio consiste em acesso BURA, pois em conjunto com os pontos de acesso nos dois outros domínios, a mídia de *backup* também necessita ser protegida.

Para ser validada a proteção do ambiente de rede do armazenamento, é imperativo reconhecer as ameaças presentes em cada domínio de segurança. A proteção deve ser classificada com base no tipo de serviço de segurança, que são: disponibilidade, confidencialidade, integridade e controle. Com base nesses itens, diversos controles devem ser selecionados e implementados como medidas contra às ameaças.

Na sequência, explicaremos como proteger e controlar o acesso de usuários em diversos níveis, até mesmo o administrativo, também apresentaremos como funciona uma infraestrutura de armazenamento. Também buscaremos alguns entendimentos sobre criptografia de dados.

6.5.1 Proteção o domínio de acesso ao aplicativo

No domínio de acesso ao aplicativo são incluídos somente aqueles que acessarão os dados por meio de uma interface de banco de dados ou pelo sistema de arquivos. Isso porque diversas ameaças podem colocar a segurança da rede em risco e precisam ser devidamente abordadas.

Um dos passos fundamentais para auxiliar na proteção do domínio de acesso do aplicativo é identificar as funções básicas, no intuito de evitar que as ameaças sejam exploradas. Com essa ação, será possível verificar quais são os controles mais apropriados e que devem ser, então, aplicados. Implementar segurança física também é um fator importante para evitar o roubo de mídia.

6.5.2 Controle do acesso do usuário aos dados

O acesso aos dados pelos usuários é regulado pelos serviços de controle de acesso. Esses procedimentos atenuam as ameaças de falsificação de identidades, com o aumento de privilégios de *host*, que são ameaças que podem afetar a integridade e a confiabilidade dos dados.

No controle de acesso ao aplicativo são usados dois mecanismos: o **controle técnico** por meio de autenticação do usuário e o **controle administrativo** na condição de autorização ao usuário. Vale dizer que eles podem ficar fora dos limites da rede de armazenamento e exigir que os inúmeros sistemas se interconectem com outros sistemas de gerenciamento e autenticação de identidades da empresa.

> **Importante!**
> Controles administrativos devem ser obrigatoriamente implementados, como padrões e políticas definidas. Além disso, auditorias regulares são necessárias para assegurar o funcionamento apropriado desses controles administrativos. Essa condição é possibilitada quando ocorre o registro de eventos relevantes em todos os dispositivos integrantes.

Podem existir problemas em se proteger o registro de eventos contra acessos não autorizados se o conteúdo registrado for exposto a modificações indesejadas por invasores.

6.5.3 Proteção da infraestrutura de armazenamento

É fundamental muita atenção a todos os elementos para que se proteja toda a infraestrutura de armazenamento dos acessos não autorizados.

> **Preste atenção!**
> As ameaças de alterações não autorizadas dos dados em trânsito são abordadas pelos controles de segurança para proteção da infraestrutura de armazenamento.

"Essas ameaças levam a perda na integridade, a uma negação de serviço que irá comprometer a disponibilidade e levando à falsificação de rede podendo resultar em perda de confidencialidade" (Somasundaram; Shrivastava; EMC Education Services, 2011, p. 376).

São duas as categorias que dividem os controles de segurança para proteção da rede. A primeira delas é a criptografia da rede de armazenamento, cujos métodos incluem o uso de IPSec (para redes de armazenamento baseadas em IP) e FC-SP (para redes FC). A outra categoria envolve a integridade da infraestrutura de conectividade, que inclui uma função de *fabric switch*, que pode assegurar a integridade se for evitado que um *host* seja adicionado a uma rede sem a autorização correta.

Não se pode conceder privilégios de *root* ou de administrador nos ambientes de armazenamento seguros para qualquer dispositivo, ou privilégios de root ou de administrador para qualquer usuário. Emprega-se a implantação do "controle de acesso baseado em papéis (RBAC, *role-based access control*) para então atribuir os necessários privilégios aos usuários, para que estes possam executar seus papéis" (Somasundaram; Shrivastava; EMC Education Services, 2011, p. 365).

Preste atenção!

Usuário *root* é aquele usuário que tem acesso administrativo ao sistema. Já o acesso administrador é dado aos usuários individuais, que podem executar tarefas administrativas.

Quando definidos os procedimentos de *data centers*, é imensamente recomendável considerar alguns controles administrativos, como a "separação de funções". Isso deve acontecer, pois se houver a separação de forma correta e clara das funções, é possível assegurar que nenhum usuário único possa especificar uma ação e executá-la. A pessoa que autoriza as criações de contas administrativas não pode ser a mesma que usa essas contas.

Entre as melhoras práticas está a formação de redes de gerenciamento para sistemas de armazenamento separadas de outras redes da organização, sendo essa ação crucial para agilizar o gerenciamento. Isso aumenta a segurança e permite o acesso somente aos componentes que agem no mesmo segmento.

Por fim, é preciso manter controle ao acesso físico, ao console dos dispositivos e também ao cabeamento de FC *switches* para que seja garantida a proteção da infraestrutura de armazenamento. Infelizmente, qualquer outra medida de segurança estabelecida irá falhar se um dispositivo for acessado fisicamente por usuários não autorizados. Se o dispositivo for acessado facilmente, com certeza não é confiável.

6.5.4 Compreensão da criptografia de dados

O resguardo dos dados mantidos nos *storage arrays* é o aspecto mais importante da proteção dos dados. Nesse nível, as ameaças vão desde a alteração e a violação de dados até o roubo de mídias, o que prejudica a disponibilidade e a confiabilidade delas.

Para minimizar e tentar se proteger dessas ameaças, os dados da mídia de armazenamento devem ser criptografados preferencialmente antes de serem gravados no disco. Outro fator crítico é tomar a decisão sobre qual método deve ser utilizado para que os dados excluídos sejam definitivamente apagados. Eles não podem ser reestruturados novamente.

Os dados precisam ser criptografados próximos de sua origem. Caso não seja possível executar essa criptografia no próprio dispositivo do *host*, pode-se utilizar um dispositivo de criptografia. Assim, os dados são criptografados no ponto de entrada da rede de armazenamento. Implementar dispositivos de criptografia na rede que criptografa os dados entre o *host* e a mídia de armazenamento também é possível. Tanto os dados armazenados nos dispositivos de destino quanto os dados em trânsito podem ser protegidos por esses mecanismos.

Em dispositivos Network-Attached Storage (NAS), que são aqueles dedicados a aplicativos de *file serving*, pode-se aumentar a integridade dos dados adicionando verificações antivírus e controles de extensões de arquivos. Já no caso de dispositivos CAS, são utilizados algoritmos de criptografia MD5 ou SHA-256 a fim de garantir a integridade dos dados. O CAS é um sistema baseado em objetos criados para armazenar dados de conteúdo fixo. É projetado para armazenamento e recuperação *on-line* segura de conteúdo fixo.

A utilização desses algoritmos no CAS ocorre ao se detectar qualquer alteração que ocorra nos padrões de conteúdo de bits. É assegurado também que os dados sejam eliminados completamente do disco pelo serviço de exclusão de dados do CAS. A necessidade de o disco realmente precisar ser limpo antes de ser descartado depende da política de classificação de dados, bem como do nível de exclusão pertinente, desde que sejam analisadas as exigências de regulamentação da organização.

6.5.5 Proteção do domínio de acesso ao gerenciamento

Somasundaram, Shrivastava e EMC Education Services, (2011, p. 366) afirmam que "monitorar, provisionar ou gerenciar recursos de armazenamento [...] é associado a cada dispositivo dentro da rede de armazenamento".

A maioria dos produtos de *software* de gerenciamento suporta alguma forma de CLI, cujo principal objetivo "é automatizar o gerenciamento de um grande número de *switches* ou *directors* com o uso de *scripts*" (Somasundaram; Shrivastava; EMC Education Services, 2011, p. 166). Temos, assim, uma interface com base na *web* ou um console de gerenciamento de sistema. Esses autores afirmam que

> é de fundamental importância implementar controles de forma apropriada com o objetivo de proteger aplicativos de gerenciamento de armazenamento, pois, se for causado um dano ao sistema de armazenamento com a utilização desses aplicativos pode ser bem maior do que o causado pela vulnerabilidade de um servidor. (Somasundaram; Shrivastava; EMC Education Services, 2011, p. 166)

Quando se disponibiliza acesso ao gerenciamento por meio de uma rede externa, corre-se o risco de aumentar potencialmente a conexão a essa rede de um *host* ou *switch* não autorizado. Nessas circunstâncias, a implementação de medidas de segurança adequadas evita alguns tipos de comunicação indevida. A utilização de canais seguros de comunicação, como Secure Shell (SSH) ou Secure Sockets Layer (SSL)/Transport Layer Security (TLS), fornece proteção mais eficaz contra essas ameaças.

> **Importante!**
> A monitoração de registros de eventos pode auxiliar na identificação de acesso e alterações não autorizados na infraestrutura.

Todas as plataformas de gerenciamento "devem ser validadas por controles de segurança que estão disponíveis e com isso assegurar que estes controles sejam corretamente adequados para então proteger o ambiente geral de armazenamento" (Somasundaram; Shrivastava; EMC Education Services, 2011, p. 368).

Uma das ações necessárias é proteger a identidade e o papel do administrador contra as constantes tentativas de falsificação. Isso deve ocorrer de tal forma que um invasor não possa manipular o *storage array* inteiro e, com isso, causar perdas irreparáveis de dados, tornando os recursos de dados indisponíveis ou mesmo reformatando a mídia de armazenamento.

6.5.6 Controle do acesso administrativo

O objetivo do controle do acesso administrativo ao armazenamento é proporcionar a salvaguarda contra possíveis ameaças de um invasor que falsifique a identidade de um administrador. Também se pretende dar proteção contra quem aumente os privilégios ou tome a identidade de algum usuário para que, com essas ações, obtenha acesso administrativo.

Como a integridade dos dados e dispositivos é afetada por essas ameaças, diversas técnicas de auditoria e regras de acesso são utilizadas para impor controle para proteção. São fornecidos controle de acesso para cada componente do armazenamento. Em determinados ambientes de armazenamento, "poderá ser necessário a integração de dispositivo de armazenamento aos diretórios de autenticação de terceiros, como o LDAP (*Lightweight Directory Access Protocol*) ou o *Active Directory*" (Somasundaram; Shrivastava; EMC Education Services, 2011, p. 368).

É aconselhável, por questões de segurança, que não seja dado controle total sobre os aspectos do sistema a nenhum usuário. Se houver um usuário administrativo, a quantidade de atividades que requerem privilégios administrativos deve com certeza ser minimizado. Recomenda-se, nesse caso, atribuir diversas outras funções administrativas usando controle de acesso baseado em papéis, o *role-based access control* (RBAC).

Eventos registrados e auditados podem auxiliar como uma medida de controle crítica para que sejam rastreadas as atividades de um administrador. No entanto, o acesso a arquivos de registro administrativos, bem como a seu conteúdo, deve ser protegido. Outro requisito fundamental é implantar um *network time protocol* confiável em cada sistema, desde que seja sincronizado em um horário comum, para que possa assegurar que as atividades nos sistemas sejam rastreadas de forma consistente.

6.5.7 Proteção da infraestrutura de gerenciamento

A infraestrutura da rede de gerenciamento também deve ser protegida. Criptografar o tráfego de gerenciamento é desejável nos controles para defesa da infraestrutura da rede de gerenciamento. Isso proporciona controles de acesso ao gerenciamento e aplica as melhores práticas de segurança de redes *Internet Protocol* (IP). Portanto, "são práticas que incluem o uso de roteadores IP e *switches Ethernet*, para conseguir restringir o tráfego a determinados dispositivos e protocolos de gerenciamento" (Somasundaram; Shrivastava; EMC Education Services, 2011, p. 368).

Para gerenciar o tráfego, deve ser criada separadamente uma rede de gerenciamento privada e, se possível,

> o tráfego do gerenciamento não deverá ser misturado ao tráfego de dados de produção, nem mesmo a outro tráfego de LAN utilizado na empresa. Restringir o tráfego permite ao IDS determinar se há tráfego não autorizado no segmento de rede. Devem ser desabilitados todos aqueles serviços de rede não utilizados em cada dispositivo dentro da rede de armazenamento, ação que irá diminuir a superfície de ataque desse dispositivo, minimizando sensivelmente o número de interfaces com que o dispositivo pode ser acessado. Em linhas gerais, a segurança deve impor seu foco na comunicação e gerenciamento entre os dispositivos, a integridade e confidencialidade de dados e a disponibilidade de dispositivos e redes de gerenciamento. (Somasundaram; Shrivastava; EMC Education Services, 2011, p. 368)

Para saber mais

Um IDS é uma ferramenta utilizada para monitorar o tráfego da rede, detectar e alertar sobre ataques e tentativas de acessos indevidos. Para entendê-lo melhor, basta acessar:

ALERTA SECURITY. **O que é e para que serve o IDS e o IPS**. Disponível em: <https://alertasecurity.com.br/blog/270-o-que-e-e-para-que-serve-o-ids-e-o-ips>. Acesso em: 3 set. 2018.

Síntese

Neste capítulo, expusemos assuntos relativos à segurança da informação, principalmente ligados à privacidade, à confiabilidade e à redundância. A proteção da infraestrutura de armazenamento e os riscos à segurança, que envolvem os bens, ameaças e vulnerabilidade também foram abordados. Por fim, discorremos sobre os domínios de segurança de armazenamento e entendemos como promover o acesso e o gerenciamento deles.

Questões para revisão

1. Nas questões relacionadas com a segurança, privacidade e confiabilidade, relacione o conceito à sua definição.

   (A) Privacidade
   (B) Confiabilidade
   (C) Redundância

   ( ) Está diretamente associada à gestão da qualidade da informação nas organizações, atividade que envolve elementos altamente complexos.
   ( ) Equivale à soma das medidas tomadas por pessoas ou organizações para proteger as informações que armazenam.
   ( ) Aumenta o perigo da perda, pois, atualmente, a maioria das organizações está conectada à rede mundial de computadores.
   ( ) Mantém relação com as questões de controle, com uma possível perda da veracidade e dificuldade de manutenção, aspectos ainda em destaque.

a) B, A, A, C.
b) A, B, A, C.
c) B, B, A, C.
d) A, A, B, C.
e) A, B, C, C.

2. Entre os quatro serviços de segurança que constituem a estrutura de segurança básica, qual assegura que as informações não sejam alteradas?
   a) Controle.
   b) Confidencialidade.
   c) Integridade.
   d) Disponibilidade.
   e) Compactação.

3. A tríade de riscos que definem as probabilidades de perigo existentes é composta de ameaças, bens e vulnerabilidades. Esses elementos ocorrem normalmente quando algum invasor tenta acessar algum bem explorando vulnerabilidades existentes. Considerando essa tríade, qual é o foco principal das organizações?
   a) Bens.
   b) Ameaças.
   c) Vulnerabilidades.
   d) Segurança.
   e) Fidedignidade.

4. Com o apoio do material disponibilizado, para minimizar e tentar se proteger dessas ameaças, os dados da mídia de armazenamento devem ser criptografados preferencialmente antes de serem gravados no disco. Explique como deve ser o processo de criptografia.

5. O acesso aos dados pelos usuários é regulado pelos serviços de controle de acesso e são usados no controle de acesso ao aplicativo dois mecanismos. Descreva-os.

Questão para reflexão

1. A garantia da segurança da informação tem como premissa a ideia de que as informações arquivadas por sistemas sejam consideradas seguras, sendo um dos tópicos fundamentais da estratégia organizacional. Isso se deve à importância da garantia da segurança de informações confidenciais e de alto valor, armazenadas por esses sistemas. Conforme os aspectos estudados, analise o impacto do "fator humano" no rompimento de medidas de segurança e apresente uma relação de medidas para sua redução.

BACKUP E RECUPERAÇÃO

Conteúdos do capítulo
- Objetivos do *backup*.
- Algumas considerações sobre *backup*, restauração e granularidade sobre *backup*.
- Métodos de *backup*.
- Proteção do *backup*: recuperação e arquivamento (BURA).
- Eliminação de dados.

Após o estudo deste capítulo, você será capaz de:
1. identificar os objetivos do *backup*;
2. compreender os métodos de *backup*;
3. realizar a proteção do *backup*, recuperação e arquivamento (BURA);
4. eliminar os dados de forma definitiva.

Backup é um termo muito utilizado, que traduzido, significa algo como "cópia de segurança". Logo, fazer um *backup* significa duplicar ou copiar dados produzidos e mantê-los com o propósito de, quando necessário, readquiri-los. Isso mesmo quando eles forem perdidos, apagados ou corrompidos.

Como atualmente há um substancial crescimento dos negócios, o resultado é o aumento das buscas de armazenamento, preservação e disponibilidade de dados. Isso obriga as organizações a executarem tarefas de *backup* em exponenciais volumes de dados. Essa demanda pelas cópias de segurança e mesmo pelas restaurações rápidas tem se tornado uma tarefa cada vez mais desafiadora. Soma-se a isso, o fato de que essa atividade pode se espalhar por vários locais, o que demanda das organizações a execução de *backups* a custos menores e com utilização do mínimo de recursos.

Para que os *backups* nas organizações sejam efetivos, é preciso garantir que os dados certos estejam nos lugares certos e no tempo certo. Um passo fundamental na implantação bem-sucedida da solução de *backup* e, logicamente, da restauração de dados, é avaliar as tecnologias, assim como os requisitos de recuperação e de manutenção de dados. Também é essencial avaliar aplicativos que facilitem a recuperação dos arquivos de acordo com as necessidades da organização.

7.1 Objetivos do *backup*

Normalmente, os *backups* são motivados por três situações: a recuperação de desastres, o *backup* operacional e o arquivamento (Somasundaram; Shrivastava; EMC Education Services, 2011, p. 274).

O primeiro desses casos, a **recuperação de desastres**, ocorre quando o local principal está impossibilitado para a restauração por razões de um desastre. Quando isso acontece, as organizações utilizam diferentes estratégias, com locais alternativos. Há os requisitos de objetivo de ponto de recuperação (RPO) e os de objetivo de tempo de recuperação (RTO). Ambos são empregados quando se utiliza um método de *backup* com base em fitas ou outro tipo de mídia, como estratégia de recuperação de desastres. As mídias devem ser enviadas e armazenadas em outro local, podendo serem levadas para restauração no local em que será feita a recuperação.

> **Preste atenção!**
>
> Somasundaram, Shrivastava e EMC Education Services (2011, p. 257-258) assim definem RPO e RTO:
>
> Objetivo de Ponto de Recuperação (RPO): Ponto no tempo para o qual os sistemas e dados devem ser recuperados após uma falha. Objetivo de Tempo de Recuperação (RTO): Tempo no qual sistemas, aplicativos ou funções devem ser recuperados depois de uma interrupção.

As organizações que atendem aos requisitos de RPO e RTO têm à disposição tecnologia de replicação remota para replicar dados em um local de recuperação de desastres, permitindo recuperar sistemas de produção, *on-line*, em um período relativamente curto.

Passamos a falar, então, do segundo objetivo, o **backup operacional**. Trata-se daquele *backup* que ocorre em determinado momento e é utilizado para que os dados sejam restaurados caso ocorra uma perda ou mesmo corrupções lógicas, que podem acontecer no processamento de rotina. Boa parte das solicitações de restauração na maioria das organizações ocorrem nessa categoria. Casos comuns, como um e-mail, uma pasta de arquivos, uma imagem importante que foi apagada acidentalmente ou um arquivo corrompido pode ser restaurados pelo *backup* operacional.

Outra situação: deve-se executar um *backup* operacional antes de uma grande alimentação, uma atualização em lotes dos bancos de dados. Trata-se de uma garantia de que vai haver uma cópia dos dados de produção no caso de que eles sejam corrompidos.

Os *backups* também são utilizados para tratar de questões de **arquivamento**. O CAS surgiu como solução principal para arquivamento, entretanto, os *backups* convencionais ainda são empregados por organizações de pequeno e médio porte, para guardar por um longo período de tempo registros de transações, além de outros lançamentos organizacionais necessários para a correta observação de regulamentações.

Preste atenção!

De acordo com Somasundaram, Shrivastava e EMC Education Services, (2011, p. 211), "o CAS é um sistema baseado em objetos criado para armazenar dados de conteúdo fixo. É projetado para armazenamento e recuperação *online* seguros de conteúdo fixo".

Importante!

Habitualmente, os *backups* são usados na recuperação de desastres, no arquivamento, e também servem como proteção quando acontece a perda de dados por danos físicos ocorridos no dispositivo de armazenamento, vírus, além de falhas de *software*. Igualmente, podem ser importantes no caso de acidentes, quando ocorre a destruição intencional de dados.

7.2 Algumas considerações sobre *backup*, restauração e granularidade

As preocupações iniciais quanto à seleção e à implementação de uma estratégia específica de *backup* devem envolver a quantidade de dados perdidos e do tempo de inatividade que uma empresa pode sustentar em termos de RTO e RPO. O período de retenção também é um fator, pois define por quanto tempo uma organização precisa manter seus *backups*: por anos ou por apenas alguns dias. De tal modo, os dados gravados para arquivamento são mantidos por mais tempo do que aqueles gravados para recuperação operacional. Assim, é importante considerar o tipo da mídia de *backup* utilizada, com base na fase de conservação e na acessibilidade dos dados. A granularidade dos *backups* também deve ser levada em conta pelas organizações.

Quando se desenvolve uma estratégia de *backup*, a inclusão da decisão sobre o horário mais apropriado para sua execução deve ser incluída, pois isso pode minimizar qualquer interrupção nas operações de produção. Também devem ser considerados o momento e o local em que acontecerá a operação de restauração, em conjunto com todas as características dos arquivos. Tudo isso influenciará o processo de *backup*.

Quando falamos em local, percebemos que algumas organizações utilizam plataformas heterogêneas para suportar soluções complexas. Nesse caso, deve ser examinado o uso de um ambiente de *data warehouse*, que utilize dados de *backup* de diversas fontes. Essas fontes, de acordo com Somasundaram, Shrivastava e EMC Education Services (2011, p. 275), "em termos de integridade transacional e de conteúdo devem ser considerados no processo de *backup*, além de que esse processo deve ser coordenado em todas as plataformas onde os dados estão localizados".

Preste atenção!

"Um *data warehouse* atende à expectativa de agrupar uma grande quantidade de dados localizados em diferentes fontes – fisicamente distantes, inclusive – em um único repositório" (Kolbe Júnior, 2017, p. 69).

O tamanho dos arquivos é o que afeta principalmente a *performance* no processo do *backup*. Ao contrário do que pode se pensar, arquivos de tamanho grande podem demandar menos recursos de sistema do que o mesmo volume de dados em muitos arquivos pequenos. Isso acontece porque as operações demoram mais quando um sistema de arquivos é composto de muitos arquivos pequenos. Somasundaram, Shrivastava e EMC Education Services (2011, p. 278) apresentam um exemplo dessa situação:

> Assim como o tamanho, o número de arquivos a serem gravados também influencia o processo de *backup*. Por exemplo, no *backup* incremental, um sistema de arquivos que contém um milhão de arquivos com uma taxa de alteração diária de 10% terá de criar 100.000 entradas no catálogo de *backup*, que abarca a tabela de conteúdo do conjunto de dados gravados e informações sobre a sessão de *backup*. Esse grande número de entradas no sistema de arquivos afeta o desempenho do processo de *backup* e restauração por ser muito demorado pesquisar em todo o sistema de arquivos.

Como mencionamos, a mídia utilizada também afeta o desempenho do *backup*. No caso da utilização de fitas, por exemplo, a lenta operação de iniciar e parar em sistemas com base nessa mídia determina o desempenho, principalmente quando são muitos arquivos pequenos.

Uma prática para economizar espaço de mídia que é muito utilizada nos sistemas de *backup* é a **compactação** de dados. Diversos dispositivos utilizados já contemplam suporte interno para serem usados nesses casos. Para que essa utilidade seja bem aproveitada, é necessário entender as características dos dados, pois alguns arquivos, binários de aplicativos, por exemplo, não têm um bom resultado de compactação, como arquivos JPEG e ZIP, ao passo que outros, como dados de textos, ficam bem compactados.

Quanto à granularidade do *backup*, esta depende das reais necessidades da organização, bem como dos RTO/RPO requisitados. Os *backups* podem ser classificados como completos, cumulativos e incrementais. Uma combinação desses três tipos é utilizada pela maioria das organizações, servindo para atender às exigências de recuperação.

O *backup* **completo** é feito sobre os dados integrais nos volumes de produção, sendo criado a partir da cópia dos dados dos volumes de produção e, na sequência, para um dispositivo de armazenamento secundário. Os *backups* **incrementais** duplicam os dados alterados no *backup* completo ou incremental anterior, sendo que esse processo ocorre muito rapidamente, pois o volume de dados gravados é somente o dos dados alterados. No entanto, é um caso em que a restauração é mais demorada. Por fim, o *backup* **cumulativo** tem a função de copiar os dados que foram alterados desde o último *backup* completo. Ele é um processo mais longo do que o incremental, porém permite restaurações mais rápidas.

Há também o *backup* **completo sintético**, usado em implementações em que os recursos dos volumes de produção não podem ser reservados de forma exclusiva a um processo de *backup* que utiliza períodos longos para ser feito de forma completa. Normalmente, ele é criado a partir do *backup* completo, que ocorreu mais recentemente, e de todos os *backups* incrementais que foram feitos após a última cópia de segurança completa. O *backup* completo sintético permite criar *off-line* um *backup* completo, sem que haja interrupção na operação de I/O no volume de produção. Com isso, os recursos da rede ficam liberados dos processos de *backup* para outras utilizações de produção.

As operações de restauração variam conforme a granularidade. Quando ocorre um *backup* completo, é fornecido um repositório único a partir do qual os dados podem ser facilmente recuperados. Para que ocorra o processo de restauração por meio de um *backup* incremental, é necessário ter a última cópia de segurança completa e "todos os *backups* incrementais que estão disponíveis até o ponto de restauração" (Somasundaram; Shrivastava; EMC Education Services, 2011, p. 280). Já para que haja uma restauração baseada em um *backup* cumulativo e preciso ter a última cópia de segurança completa, além do *backup* cumulativo mais recente.

A Figura 7.1 mostra um exemplo de um *backup* incremental e de sua restauração.

Figura 7.1 – Restauração a partir de um *backup* incremental

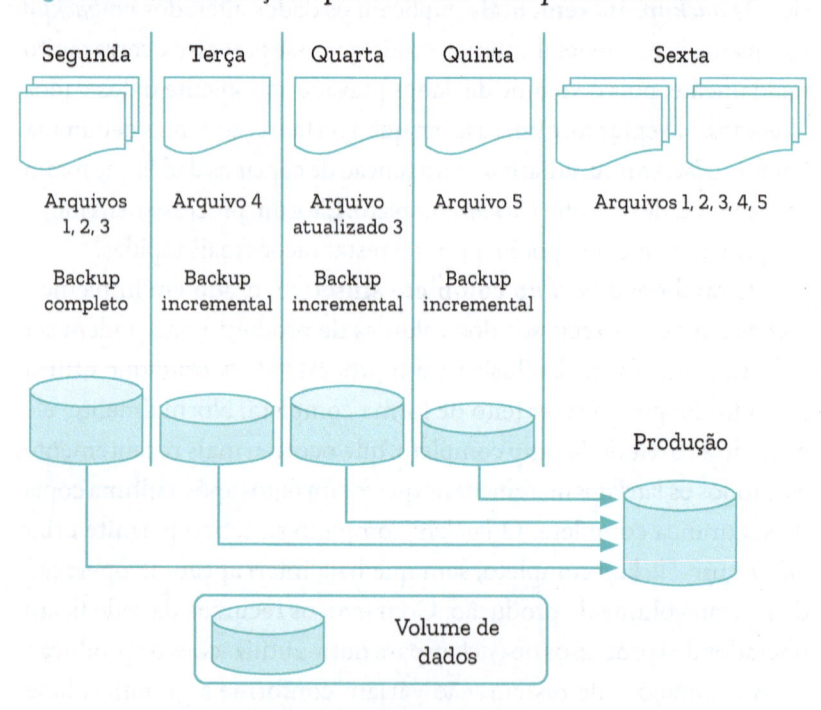

Segunda	Terça	Quarta	Quinta	Sexta
Arquivos 1, 2, 3	Arquivo 4	Arquivo atualizado 3	Arquivo 5	Arquivos 1, 2, 3, 4, 5
Backup completo	Backup incremental	Backup incremental	Backup incremental	

Produção

Volume de dados

Fonte: Somasundaram; Shrivastava; EMC Education Services, 2011, p. 279.

Somasundaram; Shrivastava; EMC Education Services, 2011, p. 279) explicam detalhadamente a figura:

> Neste exemplo, um *backup* completo é executado na noite de segunda-feira. Depois disso, a cada dia um *backup* incremental é executado. Na terça, um novo arquivo (o Arquivo 4 na figura) é adicionado e nenhum outro arquivo foi alterado. Consequentemente, apenas o Arquivo 4 é copiado durante o *backup* incremental na terça à noite. Na quarta-feira, nenhum arquivo novo foi adicionado, mas o Arquivo 3 foi modificado. Portanto, apenas o Arquivo 3 modificado é copiado durante o *backup* incremental na noite de quarta. De forma semelhante, o backup incremental na quinta reproduz apenas o Arquivo 5. Na manhã de sexta-feira, há uma corrupção de dados, o que requer sua restauração a partir do *backup*. O primeiro passo na direção dessa restauração é restaurar todos os dados do *backup* completo da noite da segunda-feira. O próximo passo é aplicar os backups incrementais da terça, quarta e quinta-feira. Assim, os dados podem ser restaurados com sucesso, voltando a seu estado anterior, conforme existiam na noite da quinta-feira.

Na Figura 7.2, e ilustrado o processo de um *backup* cumulativo e de sua restauração.

Figura 7.2 – Restauração a partir de um *backup* cumulativo

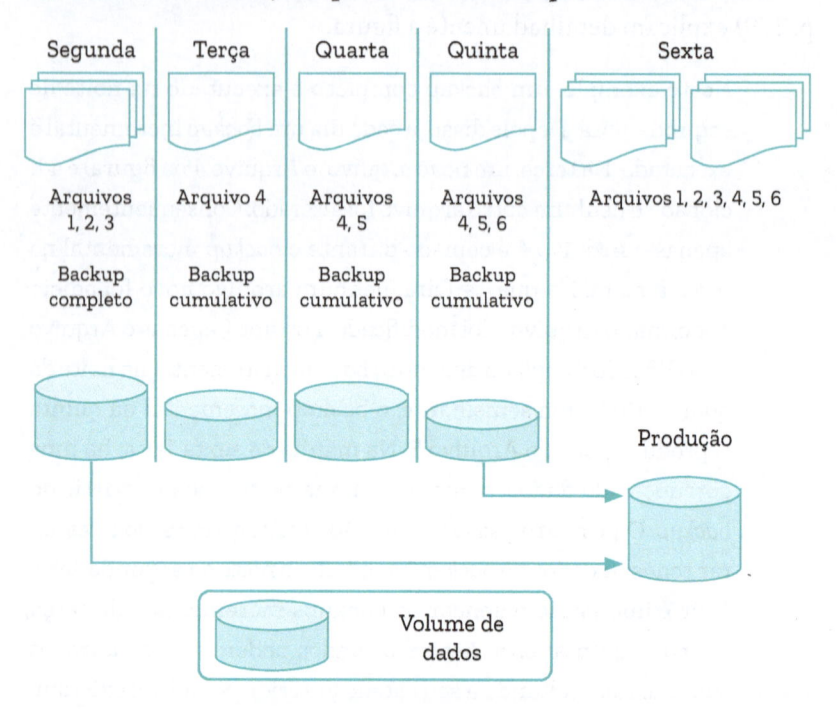

Segunda	Terça	Quarta	Quinta	Sexta
Arquivos 1, 2, 3	Arquivo 4	Arquivos 4, 5	Arquivos 4, 5, 6	Arquivos 1, 2, 3, 4, 5, 6
Backup completo	Backup cumulativo	Backup cumulativo	Backup cumulativo	

Fonte: Somasundaram; Shrivastava; EMC Education Services, 2011, p. 280.

Somasundaram, Shrivastava e EMC Education Services (2011, p. 280) também detalham esse exemplo:

> Neste exemplo, um *backup* completo dos dados da empresa é feito na noite de segunda-feira. Na sequência, a cada dia é feito um *backup* cumulativo. Na terça, é adicionado o Arquivo 4 e nenhum outro arquivo é modificado desde o último *backup* completo da noite de segunda-feira. Consequentemente, o *backup* cumulativo da noite de terça-feira copia apenas o Arquivo 4. Na quarta,

o Arquivo 5 é adicionado. O *backup* cumulativo que ocorre na noite da quarta-feira copia o Arquivo 4 e o 5 porque eles foram adicionados ou modificados desde o último *backup* completo. De forma semelhante, na quinta, o Arquivo 6 é adicionado. Portanto, o *backup* cumulativo na noite da quinta-feira copia todos os três arquivos: 4, 5 e 6.

Consideremos outra situação: numa sexta-feira pela manhã, ocorre uma corrupção nos dados, isso requer uma restauração com cópias do *backup*. A primeira ação a ser feita na restauração dos dados de um *backup* cumulativo é restabelecer todos os dados do *backup* completo realizado na noite de segunda-feira. Na sequência, deve-se aplicar somente o último *backup* cumulativo, que foi realizado na quinta-feira à noite. Dessa forma, o volume de dados de produção pode ter restaurado seu estado anterior, o da noite da quinta-feira.

Ao se planejar estratégias de *backup* e de restauração, o RPO e o RTO são elementos importantes. O limite tolerável de perda de dados por uma organização é definido pelo RPO e especifica o intervalo de tempo da realização entre dois *backups*. Se um aplicativo X necessita de um RPO de um dia, é necessária a gravação dos dados ao menos uma vez ao dia.

O período de retenção de um *backup* também deriva de um RPO especificado para a recuperação operacional. Se os usuários de um aplicativo X demandarem a restauração dos dados a partir da sua cópia de *backup* operacional, que foi criada há um mês, será determinado o período de retenção do *backup*. Podem existir variações de um dia a um mês para o RPO do aplicativo X, dependendo das necessidades operacionais de recuperação.

Porém, a organização pode escolher a retenção do *backup* por um período mais longo para contemplar as políticas internas ou fatores externos, como as políticas regulatórias da organização. Esse procedimento pode demandar um espaço muito grande de armazenamento, sendo necessário ter mais gastos. Por conta disso, deve ser definido o período de retenção dos *backups*, baseados na análise de todas as solicitações de restauração que ocorreram no passado e no orçamento previsto.

No caso de se especificar períodos curtos de retenção de *backup*, pode ser difícil recuperar todos os dados necessários para o ponto de recuperação exigido. Podem ser definidos períodos de retenção longos para todos os *backups*, para poder alcançar qualquer RPO no período de retenção estabelecido.

Por causa das restrições de recuperação, nas organizações são executados mais *backups* completos do que o necessário. Vale reforçar aqui que os *backups* cumulativos e incrementais dependem de um *backup* completo prévio. Quando feita uma restauração a partir de uma mídia, diversas mídias são demandadas para recuperar integralmente o sistema. A recuperação pode ser realizada com um RTO mais baixo e em menos passos com um *backup* completo.

7.3 Métodos de *backup*

Somasundaram, Shrivastava e EMC Education Services (2011, p. 283) descrevem os dois métodos de *backup* como

> *backup* dinâmico e *backup* estático que baseado no estado do aplicativo quando da execução do *backup*. Quando ocorre um backup dinâmico, os usuários estão acessando seus dados durante o processo pois o aplicativo estará em execução, enquanto que em um backup estático, o aplicativo não fica ativo. (Somasundaram; Shrivastava; EMC Education Services, 2011, p. 283)

Nos casos em que ocorre o *backup* de dados de produção *on-line*, o desafio é bem maior, pois os dados são utilizados e alterados ativamente. Quando há um arquivo aberto, este é bloqueado pelo sistema operacional e não é copiado durante o processo de *backup* até ser fechado pelo usuário.

O aplicativo de *backup* persiste na gravação de arquivos que estavam abertos, tentando dar continuidade a essa operação. Tal persistência ocorre quando os arquivos abertos anteriormente estão fechados e, assim, uma nova tentativa é bem-sucedida. Entretanto, esse método não é considerado robusto, pois em alguns ambientes há arquivos que sempre estarão abertos.

Nessas situações, são fornecidos agentes de arquivos pelo aplicativo de *backup*, interagindo de forma direta com o sistema operacional. É permitida a criação de cópias consistentes dos arquivos abertos, mas ela não é suficiente em alguns ambientes. Podemos tomar como exemplo um banco de dados, com muitos arquivos de diversos tamanhos, ocupando vários sistemas de arquivos. Para que um *backup* consistente desse banco de dados seja assegurado, todos os arquivos necessitam ser gravados no mesmo estado. Isso não significa, contudo, que seja preciso realizar a gravação de todos os arquivos ao mesmo tempo. Mesmo assim, todos devem estar sincronizados para que o banco de dados seja restaurado com consistência.

Os bancos de dados também são passíveis de receber **backup estático**. Nesse caso, é necessário que o banco de dados permaneça inativo enquanto ocorre o *backup*. Essa é uma desvantagem, já que o banco fica inacessível para os usuários durante o processo.

Na impossibilidade de se desligar o banco de dados, utiliza-se o **backup dinâmico**, e isso é facilitado pelos agentes de *backup* de bancos de dados, que podem executá-lo enquanto o banco está ativo. A desvantagem do método é que ele afeta o desempenho geral do aplicativo.

Quando nenhuma dessas opções pode ser usada, recomendamos o método de cópia *point-in-time* (PIT). Com esse método, uma cópia pode ser criada de forma rápida, consumindo apenas uma fração do espaço de armazenamento. Ela é implementada em uma solução com base no disco, sendo que uma máscara de *logical unit numbers* (LUN) virtual é criada. Trata-se de um processo que fornece controle de acesso aos dados, definindo quais LUNs um *host* pode acessar (Somasundaram; Shrivastava; EMC Education Services, 2011, p. 104). Nesse caso, são armazenados ponteiros para os dados armazenados, seja na LUN de produção ou no local de gravação.

> ### Preste atenção!
> "*Drives* físicos ou grupos de drives protegidos por RAID podem ser divididos em volumes lógicos, comumente chamados de números de unidade lógica" (Somasundaram; Shrivastava; EMC Education Services, 2011, p. 102).

Nesse método, o banco de dados e parado ou congelado de forma momentânea enquanto é criada a cópia PIT. Simultaneamente, em um servidor secundário ocorre o *backup* no servidor primário. Para assegurar a consistência, não é suficiente gravar dados de produção para a recuperação. Alguns atributos e propriedades vinculados a certo arquivo, como metadados, também têm de ser gravados. Eles são tão importantes quanto os próprios dados. Também deve ser realizado o *backup* do setor de inicialização, mantendo as informações de *layout* das partições, que são críticos para uma bem-sucedida recuperação (Costa; Soares, 2008).

7.3.1 Processo de *backup*

De acordo com Somasundaram, Shrivastava e EMC Education Services (2011, p. 401)

> a arquitetura cliente/servidor utiliza um sistema de *backup* com um servidor de *backup* e vários clientes de *backup*. O servidor de *backup* gerencia as operações e mantém o catálogo de *backup*, que contém informações sobre o processo e os metadados do *backup*. Para que sejam coletados os dados a serem gravados, o

servidor de *backup* se baseará em clientes de *backup*. Os clientes podem ser locais ao servidor ou ficar em outro servidor, presumivelmente para fazer *backup* dos dados visíveis a esse servidor. (Somasundaram; Shrivastava; EMC Education Services, 2011, p. 401)

Esses autores ainda afirmam que "o servidor de *backup* recebe metadados do *backup* desses clientes para executar suas atividades". Além disso, no processo,

> o nó de armazenamento é responsável pela gravação dos dados no dispositivo de *backup* (em um ambiente de *backup*, um nó de armazenamento é um *host* que controla dispositivos de *backup*). Geralmente, o nó de armazenamento é integrado com o servidor de *backup* e ambos são hospedados na mesma plataforma física. Um dispositivo de *backup* é anexado diretamente à plataforma que hospeda o nó de armazenamento. Algumas arquiteturas de *backup* se referem ao nó de armazenamento como servidor de mídia, pois se conecta ao dispositivo de armazenamento. (Somasundaram; Shrivastava; EMC Education Services, 2011, p. 402)

Os nós de armazenamento executam um papel fundamental no planejamento de *backups*, pois podem ser utilizados para consolidar os servidores de *backup*. O horário do dia ou o término de um evento, com base nas políticas definidas no servidor de *backup*, fazem parte do processo de *backup*. O servidor de *backup*

> então inicia o processo enviando uma solicitação a um cliente de backup (backups também podem ser iniciados por um cliente). A solicitação instrui o cliente de backup a enviar seus metadados ao servidor de backup e remete os dados que serão gravados ao apropriado nó de armazenamento. No recebimento da solicitação, o cliente de backup envia os metadados ao servidor de backup.

O servidor de backup grava seus metadados em seu catálogo de metadados. O cliente de backup também envia os dados ao nó de armazenamento, que grava os dados no dispositivo de armazenamento. (Somasundaram; Shrivastava; EMC Education Services, 2011, p. 281)

7.4 Proteção do *backup*: recuperação e arquivamento (Bura)

Como informamos anteriormente, um *backup* abrange a cópia dos dados de um *storage array* para a mídia. Proteger o Bura é um processo difícil, se utilizado um *software* que acessa os *storage array*s e depende da configuração dos ambientes de armazenamento.

Nesse sentido, as organizações devem garantir que o local da recuperação de desastre (DR) mantenha o nível de segurança para os dados do *backup*. Proteger a infraestrutura do Bura deve ser fator inconteste nas organizações, o que envolve as diversas ameaças, desde falsificações de identidades legítimas de um local de DR até o roubo de mídia. A possibilidade do extravio de uma fita de *backup* ou HDD, se contiver informações altamente confidenciais, é outro tipo de ameaça.

Soma-se a isso o fato de que os aplicativos de *backup* podem ficar vulneráveis a implicações de segurança se os dados não estiverem devidamente criptografados enquanto o *backup* é executado.

7.5 Eliminação de dados

Muito se fala que a limpeza do cache ou o apagamento de dados podem ajudar a corrigir alguns problemas dos aplicativos ou sistemas operacionais. Isso sem contar que essas ações liberam espaço nas memórias de seus dispositivos móveis ou *desktops*. É preciso, contudo, que se faça tudo isso de forma comedida, com um bom entendimento do que ocorre quando essas funções são executadas e de como utilizá-las. Inicialmente, é fundamental saber que limpar cache não é sinônimo de apagar dados, pois se tratam de eventos que têm finalidades e processos diferentes.

Frequentemente, os **dados em cache** são armazenados nos dispositivos por aplicativos e navegadores, sendo uma maneira de aceleração no processo da inicialização dos *softwares*. Assim, ao serem utilizados de modo frequente, os aplicativos ficam cheios de informações em cache, o que causa travamentos e interrupções indesejáveis. A limpeza de cache é uma das maneiras de se resolver esse problema. Esse é um dos recursos a serem utilizados quando falta memória, ou espaço, em um dispositivo.

A limpeza de cache é um processo bem simples. Basta acessar as configurações do dispositivo móvel, encontrar a opção Aplicativos, selecionar o aplicativo que está ocasionando problemas e pressionar o botão Limpar cache. Já nos computadores e *notebooks*, o procedimento é outro. Tomemos como exemplo o navegador Chrome. Nesse caso, deve-se abrir o navegador e, no canto superior direito, clicar em Mais. Na sequência, deve clicar em Mais ferramentas e em Limpar dados de navegação. Na área superior da tela, é preciso demarcar um intervalo de tempo. É possível excluir tudo, bastando selecionar Todo o período. É preciso marcar as caixas ao lado de Cookies e outros dados do site e Imagens e arquivos armazenados em cache. Por fim, deve-se clicar em Limpar dados.

Importante!

Apesar de ser muito útil limpar o cache periodicamente, isso não resolve todos os problemas. Apagar dados, no entanto, é uma medida de caráter mais extremo, pois isso exclui todas as informações armazenadas no aplicativo.

Os HDDs são acumuladores de dados, mantendo-os armazenados. Mesmo formatando um HDD, os dados contidos não são totalmente apagados e, consequentemente, podem ser recuperados. A formatação dos HDDs não é 100% eficaz, pois não apaga de forma definitiva os arquivos ali armazenados. Enquanto novos arquivos não ocuparem o lugar utilizado pelos arquivos antigos na região do disco, mesmo os dados apagados podem ser acessados. Nada é definitivo ou absoluto; portanto, apagar de forma definitiva os dados contidos no HDD é uma tarefa praticamente impossível. Uma ação que pode auxiliar na limpeza dos rastros deixados pelos dados é a utilização de programas especializados nessa tarefa de dificultar sua recuperação.

Os métodos considerados mais seguros para o apagamento de HDDs são aqueles que gravam no disco diversos padrões de bits, de forma aleatória ou até mais complicados. Isso frustra as possíveis tentativas de recuperação utilizando *hardware*. É um processo popularmente conhecido como *remoção* ou *desinfecção*. Atualmente, os HDDs modernos dispõem de algumas peculiaridades que podem transformar algumas áreas do disco em inacessíveis. Apesar de essas áreas terem dados no passado, "continuarão vulneráveis à recuperação baseada em *hardware*".

Para saber mais

Mais sobre o apagamento de HDDs pode ser visto em:

CBL RECUPERAÇÃO DE DADOS. **Programa para destruição de dados**. Disponível em: <https://www.cbltech.com.br/servico/destruicao-dados/>. Acesso em: 3 set. 2019.

Quando um HDD sai da fábrica, contém o valor binário zero em cada bit. O método personalizado pode ser uma boa estratégia, ou seja, usar um método reproduzindo esse estado ileso do HDD. Esse método grava zeros, até chegar à capacidade total do HDD, em cada um dos setores da unidade, conseguindo aproximar ao máximo o estado do disco ao de um vindo direto da fábrica. Isso, claro, deve ser feito caso se deseje limpá-lo por completo, pois torna quase impossível a recuperação de arquivos. É de fundamental importância lembrar que antes de utilizar essa ferramenta, é necessário salvar os arquivos em um local seguro.

É essencial estar atento, além disso, ao fato de que é disponibilizado por cada fabricante um aplicativo correto para a realização desse método de formatação. Sabendo a marca do HD, deve ser acessado o *site* do fabricante e, para a formatação correta, é preciso fazer o *download* do *software* correto. Normalmente esse método é utilizado quando ocorre algum problema ou falha no desempenho do *hardware*, desde que esse problema não seja mecânico. Aplicar esse método em um disco IDE ou SATA tem como resultado a destruição dos dados contidos na unidade. É essencial usar a ferramenta correspondente ao modelo de disco.

O padrão do Departamento de Defesa dos Estados Unidos 5220.22-M contempla o Manual de Operação do Programa Nacional de Segurança Industrial. Nesse manual, é especificado o padrão para a "eliminação e desinfecção de dados classificados como confidenciais, secretos e ultrassecretos. [Ele] é emitido pelas Forças Armadas dos Estados Unidos em conjunto com outros órgãos governamentais americanos".

Nesse padrão, os dados são eliminados pela gravação de um padrão de bits em todo o disco. Isso ocorre em três etapas, entretanto, os HDDs que contêm dados ultrassecretos não podem ser desinfetados dessa forma. Os dados ultrassecretos devem ser fisicamente destruídos ou, em alguns casos, devem ser submetidos a desmagnetização, tornando o disco inacessível, pois serão alterados os padrões magnéticos usados para armazenar dados no HDD.

Já o padrão alemão BSI Verschlusssachen-IT-Richtlinien (VSITR), que foi liberado pelo Departamento Federal Alemão para Segurança de TI, utiliza sete etapas para limpar o HDD. Durante as seis primeiras etapas, o padrão de bits da gravação anterior é invertido, sendo um método mais seguro que um apagamento personalizado que utilize seis etapas do mesmo padrão de bits. Depois disso, a etapa final sobrescreve toda a superfície do HDD com "01010101". É considerado um método seguro.

Quando são utilizadas etapas múltiplas de sobrescrita com o mesmo padrão, como é esse caso alemão, existe a tendência de um autorreforço. Entretanto, existem técnicas avançadas de recuperação baseadas em *hardware* que conseguem recuperar os dados que foram sobrescritos. Esse padrão pode frustrar as tentativas no processo de recuperação de dados.

Outro método de apagamento é um algoritmo desenvolvido por Bruce Schneier. O método proposto por Schneir é regravar um *drive* sete vezes. Na primeira etapa, o HDD é sobrescrito com o padrão de bits "11"; na segunda etapa, é sobrescrito com "00"; e nas cinco etapas seguintes um padrão de bits é gerado de forma aleatória.

Ele é bem semelhante ao padrão alemão VSITR; entretanto, a geração aleatória dos padrões de bits gravados nas cinco últimas etapas dificulta as ações de um invasor que pretende determinar como ocorreu a sobrescrita dos dados presentes no HDD. Além de ser muito difícil a recuperação dos dados, o acesso é quase impossibilitado. Apesar de esse método de apagamento ser mais seguro que o VSITR, é consideravelmente mais lento, em razão do tempo utilizado na criação de padrões de bits aleatórios.

Um pesquisador honorário no Departamento de Ciências da Computação da Universidade de Auckland, Peter Gutmann, concebeu um algoritmo batizado com seu nome. Sua pesquisa focada na eliminação segura de dados de mídias magnéticas é considerada como a obra definitiva sobre o assunto. São 35 etapas de sobrescrita realizada pelo seu algoritmo, considerado como o método mais moderno utilizado na destruição de dados. O maior custo desta segurança é o tempo para a limpeza de um *drive*. Utilizar esse algoritmo levará sete vezes mais tempo que a limpeza do mesmo HDD que utilizaria o algoritmo de Bruce Schneier e quinze vezes mais quando comparado ao padrão do Departamento de Defesa dos EUA.

Por fim, há o método DSX, desenvolvido pela Divisão de Segurança Técnica da Real Polícia Montada do Canadá. Esse padrão teve em sua origem o objetivo de evitar a divulgação de informações quando um HDD aproveitável é retirado de serviço. "O programa CBL Destruição de Dados emula o método da DSX para eliminar dados, gravando o padrão de bits "00" na primeira etapa, "11" na segunda, e um padrão de texto que consiste no número da versão do *software* e na data e hora em que ocorreu o apagamento" (CBL RECUPERAÇÃO DE DADOS, 2018). Apesar da eficácia, esse método não é aprovado pelo governo canadense para desinfetar informações confidenciais.

Síntese

Neste capítulo, os assuntos relativos ao *backup* foram amplamente mostrados. Tratamos dos objetivos que o motivam, explicitando como se faz a restauração, a recuperação e o arquivamento dos dados. A recuperação de desastre também foi tema de nossa abordagem, bem como a eliminação de dados.

Questões para revisão

1. O método empregado para restaurar dados caso ocorra perda ou corrupções lógicas é:
   a) a recuperação de desastres.
   b) o *backup* operacional.
   c) o arquivamento.
   d) o *backup* programado.
   e) a granularidade.

2. Observadas as considerações sobre *backup*, assinale com V as opções verdadeiras e com F as falsas.
   ( ) A mídia utilizada afeta o desempenho do *backup*.
   ( ) Ao utilizar fitas, a operação não será lenta.
   ( ) Para economizar espaço de mídia, utiliza-se a compactação de dados.
   ( ) Os dispositivos modernos, utilizados para *backup*, não contemplam suporte interno para serem usados na compactação de dados.

   Assinale a alternativa que apresenta a sequência de preenchimento correto dos parênteses:

   a) V, V, V, F.
   b) F, F, V, F.
   c) V, F, V, F.
   d) V, V, V, V.
   e) F, V, V, F.

3. Seguindo os pensamentos de Somasundaram, Shrivastava e EMC Education Services (2011) sobre os métodos de *backup*, e especificamente acerca do processo de *backup*, assinale a afirmativa correta:

a) O processo de *backup* é baseado nas políticas definidas no servidor, como o horário do dia ou o término de um evento.
b) A solicitação a um cliente de *backup* envia seus metadados e apaga os dados que serão gravados no nó de armazenamento.
c) O cliente de *backup* grava seus metadados em seu catálogo de servidor.
d) O servidor de *backup* também envia os nós de armazenamentos para o dispositivo de armazenamento.

4. Com base no que foi estudado, vimos que um *backup* abrange a cópia dos dados de um *storage array* para a mídia de *backup,* como fitas ou discos, entre outas mídias. Considerando o conceito de Bura, explique o que é *arquivamento*.

5. Os autores Somasundaram, Shrivastava e EMC Education Services (2011, p. 283) descrevem dois métodos de *backup*. Descreva-os.

Questão para reflexão

1. Com o crescimento dos negócios, as organizações se veem obrigadas a buscar o armazenamento, a preservação e a disponibilidade de dados. Os *backups* têm se tornado para as organizações uma tarefa desafiadora, já que envolvem a necessidade de baratear custos, utilizando o mínimo de recursos e não abdicando da segurança dos dados. Procure ampliar as questões sobre o uso de cópias de segurança e analisar pontos de impacto que podem ocorrer quando há falhas no desenvolvimento das atividades de cópia e espelhamento de dados.

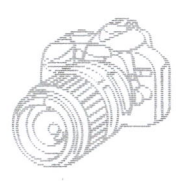

considerações finais

Ao final desta obra, esperamos ter feito um proveitoso apanhado dos fundamentos de armazenamento de informações, assim como dos inúmeros desafios para atuar no gerenciamento e na produção delas. Verificamos ao longo do livro a importância da Lei de Acesso à Informação e de outras legislações pertinentes. Apresentamos, ainda, algumas noções de ferramentas de TI existentes e de suas colaborações, objetivando a segurança das informações. Nesse sentido, nos aprofundamos nos indispensáveis *backups*.

Buscamos mostrar a importância de zelar adequadamente pelos dados e informações, enfatizando o cuidado com esses ativos, que são essenciais para qualquer tipo de negócio. Também citamos algumas ações, em conjunto com ferramentas que podem ser utilizadas para dirimir os riscos.

Questões relativas à propriedade intelectual de qualquer organização lhe conferem diferencial competitivo no mercado, tendo um valor econômico por sua confidencialidade, o que leva à necessidade de proteção constante, merecendo toda atenção possível. Quando não há esse tipo de proteção, a organização pode perder seu diferencial no mercado.

As melhores práticas começam com a gestão da organização e, nesse cenário, uma boa política de segurança da informação é essencial, pois ela abrange todos os procedimentos que precisam ser adotados no cotidiano das organizações, contemplando tecnologias que devem ser utilizadas, além dos processos a serem conduzidos e as respectivas sanções.

As TICs têm papel fundamental nesse processo, pois atualmente não existe empresa que trabalhe prescinda totalmente da tecnologia na manipulação dos dados. São necessárias tecnologias auxiliares que promovam a segurança. Entre os diversos recursos existentes, podemos enumerar as conexões seguras, a criptografia de dados, a assinatura eletrônica, o armazenamento em nuvem, o antivírus; os *antispywares*, entre outras.

Outras ações podem auxiliar nessa disputa acirrada contra os criminosos cibernéticos. Entre elas, está a proteção das redes Wi-Fi, cadastrando os equipamentos autorizados a acessarem essa rede, por exemplo. Outra ação imprescindível é o uso de *backups*, pois em caso de perda de dados, eles serão importantíssimos para a organização. Armazenar os documentos na nuvem também pode ser considerada uma boa prática, pois atualmente os provedores desses serviços têm mostrado bastante eficiência nos quesitos de segurança.

Lembramos sempre que uma das partes mais frágeis das organizações, no quesito de segurança das informações são as pessoas. Por isso, é imprescindível que se firme um contrato de confidencialidade, pelo qual os colaboradores envolvidos se comprometam a manter a confidencialidade dos dados trocados com a organização.

Nossa recomendação é aprender a gerenciar riscos, desde vírus, *hackers* a até mesmo catástrofes naturais, pois isso é o que pode ocasionar perda de dados e informações importantes. Manter as equipes capacitadas é de suma relevância, pois, infelizmente, a reação natural das pessoas é desconsiderar as orientações recebidas. Estabelecer níveis de acesso à informação e criar protocolos de segurança são igualmente importantes. Apesar da relutância em acatar essa providência, trata-se de um item extremamente necessário.

É essencial ter bem claro que equipes de profissionais bem-preparadas são o ponto de partida para atuar plenamente na era do conhecimento. A segurança da informação tem diversas áreas de atuação, sejam elas tecnológicas, jurídicas, humanas, físicas ou virtuais. Não podemos deixar de ficar atentos a cada uma delas.

É claro que nem de longe esgotamos os assuntos ao longo deste trabalho, mas esperamos que eles sirvam como ponto de partida para novos debates.

referências

ABIN – Agência Brasileira de Inteligência. **Proteção de conhecimentos sensíveis e sigilosos**. Brasília, 2017. (Cadernos de Legislação da Abin, n. 4). Disponível em: <http://www.abin.gov.br/conteudo/uploads/2015/05/Prot-Conhec-Sens-e-Sigilosos-jan17.pdf>. Acesso em: 22 nov. 2019.

AFONSO, L. S. Fontes abertas e Inteligência de Estado. **Revista Brasileira de Inteligência**. Brasília, v. 2, n. 2, p. 49-62, abr. 2006. Disponível em: <http://www.abin.gov.br/conteudo/uploads/2015/08/revista2.pdf>. Acesso em: 4 abr. 2019.

ALECRIM, E. Sistemas RAID (Redundant Array of Independent Disks). **InfoWester**, 25 jan. 2013. Disponível em: <https://www.infowester.com/raid.php>. Acesso em: 13 nov. 2019.

ARCHIVEMATICA. Captura da tela inicial. Disponível em: <https://static.archivematica.org/images/s001.png>. Acesso em: 1 set. 2019.

AZEVEDO, M. **Manual de gestão de documentos Uninter**. Curitiba, 2018. No prelo.

BARRAMENTO AGP, PCI e PCI Express. 27 set. 2010. Disponível em: <http://mensolutions.blogspot.com/2010/09/barramento-agp-pci-e-pci-express.html>. Acesso em: 26 abr. 2019.

BELLOTTO, H. L. **Arquivos permanentes**: tratamento documental. 2. ed. Rio de Janeiro: FGV, 2004.

BRÄSCHER, M.; CARLAN, E. Sistemas de organização do conhecimento: antigas e novas linguagens. In: ROBREDO, J.; BRÄSCHER, M. (Org.). **Passeios pelo bosque da informação**: estudos sobre representação e organização da informação e do conhecimento – EROIC. Brasília: Ibict, 2010. p. 147-176.

BRASIL. Acesso à Informação. **LAI**: A Lei de Acesso à Informação. Disponível em: <http://www.acessoainformacao.gov.br/assuntos/conheca-seu-direito/a-lei-de-acesso-a-informacao>. Acesso em: 22 nov. 2019.

BRASIL. Constituição (1988). **Diário Oficial da União**, Brasília, DF, 5 out. 1988. Disponível em: <http://www.planalto.gov.br/ccivil_03/Constituicao/Constituicao.htm>. Acesso em: 22 nov. 2019.

BRASIL. Controladoria-Geral da União. **Política brasileira de acesso a informações públicas**: garantia democrática do direito à informação, transparência e participação cidadã. Brasília, 2010. Disponível em: <http://pfdc.pgr.mpf.mp.br/atuacao-e-conteudos-de-apoio/publicacoes/acesso-a-informacao/politica-brasileira-de-acesso-a-informacoes-publicas-garantia-democratica-do-direito-a-informacao-transparencia-e-participacao-cidada-2013-unesco-e-cgu>. Acesso em: 21 nov. 2019.

BRASIL. Lei n. 12.527, de 18 de novembro de 2011. LAI – Lei de Acesso a Informação. **Diário Oficial da União**, Brasília, DF, Poder Executivo, 16 nov. 2011a. Disponível em: <http://www.planalto.gov.br/ccivil_03/_ato2011-2014/2011/lei/l12527.htm>. Acesso em: 14 nov. 2019.

BRASIL. Decreto n. 7.845, de 14 de novembro de 2012. **Diário Oficial da União**, Brasília, DF, Poder Executivo, 16 nov. 2012. Disponível em: <http://www.planalto.gov.br/ccivil_03/_ato2011-2014/2012/Decreto/D7845.htm>. Acesso em: 22 nov. 2019.

BRASIL. Decreto n. 8.539, de 8 de outubro de 2015. **Diário Oficial da União**, Brasília, DF, Poder Executivo, 9 out. 2015. Disponível em: <http://www.planalto.gov.br/ccivil_03/_Ato2015-2018/2015/Decreto/D8539.htm>. Acesso em: 26 nov. 2019.

BRASIL. DPF – Departamento de Polícia Federal. **Manual de inteligência policial**. Brasília, 2011b. v. 1.

BRASIL. Instituto Nacional de Tecnologia da Informação. **Autoridades certificadoras**. 27 jun. 2017. Disponível em: <http://www.iti.gov.br/icp-brasil/estrutura>. Acesso em: 26 nov. 2019.

BRASIL. Lei n. 8.159, de 8 de janeiro de 1991. **Diário Oficial da União**, Brasília, DF, Poder Legislativo, 9 jan. 1991. Disponível em: <http://www.planalto.gov.br/ccivil_03/LEIS/L8159.htm>. Acesso em: 26 nov. 2019.

BRASIL. Ministério da Justiça. Secretaria Nacional de Segurança Pública. CONARQ – Conselho Nacional de Arquivos. Resolução n. 25, de 27 de abril de 2007. **Diário Oficial da União**, Brasília, 27 abr. 2007. Disponível em: <http://conarq.arquivonacional.gov.br/resolucoes-do-conarq/267-resolucao-n-25,-de-27-de-abril-de-2007.html>. Acesso em: 26 nov. 2019.

BRASIL. Secretaria Nacional de Segurança Pública. Resolução n. 1, de 15 de julho de 2009. **Diário Oficial da União**, Brasília, DF, 14 ago. 2009. Disponível em: <http://sintse.tse.jus.br/documentos/2009/Ago/14/000077395>. Acesso em: 13 nov. 2019.

BRITO, V. de P. **Novos paradigmas para a inteligência policial**. Projeto final (Especialização em Inteligência Competitiva) – Universidade Federal do Amazonas, Manaus, 2006.

CAMARGO, A. M. de A.; BELLOTTO, H. L. (Coord.). **Dicionário de terminologia arquivística**. São Paulo: Associação dos Arquivistas Brasileiros, 1996.

CARDOSO ADVOGADOS. **Você sabe o que é responsabilidade objetiva e subjetiva?** Disponível em: <http://www.cardosoadv.com.br/voce-sabe-o-que-e-responsabilidade-objetiva-e-subjetiva/>. Acesso em: 22 nov. 2019.

CBL RECUPERAÇÃO DE DADOS. **Programa para destruição de dados**. Disponível em: <https://www.cbltech.com.br/servico/destruicao-dados/>. Acesso em: 3 set. 2019.

CEPIK, M. A. C. **Espionagem e democracia**. Rio de Janeiro: FGV, 2003.

CHAPMAN, S. What is Digital Preservation? In: DIGITAL PRESERVATION RESOURCES SYMPOSIUM, 2001, Dublin, OH. Presentations. Disponível em: <http://www.oclc.org/news/events/presentations/2001/preservation/chapman.htm>. Acesso em: 3 set. 2019.

CONARQ – Conselho Nacional de Arquivos. **Classificação, temporalidade e destinação de documentos de arquivo relativos às atividades-meio da administração pública**. Rio de Janeiro, 2001. Disponível em: <http://conarq.arquivonacional.gov.br/images/publicacoes_textos/Codigo_de_classificacao.pdf>. Acesso em: 19 nov. 2019.

CONARQ – Conselho Nacional de Arquivos. **e-ARQ Brasil**: Modelo de Requisitos para Sistemas Informatizados de Gestão Arquivística de Documentos. 2011. Disponível em: <http://conarq.arquivonacional.gov.br/images/publicacoes_textos/earqbrasil_model_requisitos_2009.pdf>. Acesso em: 19 nov. 2019.

CONARQ – Conselho Nacional de Arquivos. **Isad(G)**: Norma geral internacional de descrição arquivística. Rio de Janeiro, 2000. Disponível em: <http://conarq.arquivonacional.gov.br/images/publicacoes_textos/isad_g_2001.pdf>. Acesso em: 24 abr. 2019.

CONARQ – Conselho Nacional de Arquivos. **Nobrade – Norma brasileira de descrição arquivística**. Rio de Janeiro, 2006. Disponível em: <http://conarq.arquivonacional.gov.br/images/publicacoes_textos/nobrade.pdf>. Acesso em: 20 nov. 2019.

COSTA, F. J.; SOARES, A. A. C. Uma análise da formação científica em cursos de graduação em administração: a perspectiva dos alunos. **Revista de Gestão da USP**, v. 15, n. 1, p. 47-60, 2008.

ESTADO VIRTUAL. **Sistema informatizado de gestão arquivística de documentos – SIGAD**. Disponível em: <https://www.estadovirtual.com.br/sigad>. Acesso em: 26 nov. 2019.

FARIAS, J. P.; RONCAGLIO, C. Aplicação da Nobrade nos Arquivos Públicos Municipais. **Archeion Online**, João Pessoa, v. 3, n. 1, p. 64-75, jan./jun. 2015. Disponível em: <https://periodicos.ufpb.br/ojs/index.php/archeion/article/view/24778/13571>. Acesso em: 21 nov. 2019.

FERRO JÚNIOR, C. M. **A inteligência e a gestão da informação policial**. Brasília: Fortium, 2008.

FLORES, D. O documento arquivístico nas instituições privadas de ensino superior: o impacto da portaria MEC 1224/13. Curitiba, 2016. Palestra. Disponível em: <http://documentosdigitais.blogspot.com>. Acesso em: 1º set. 2017.

FONTANA, F. F. et al. Archivematica como ferramenta para acesso e preservação digital a longo prazo. Ágora, Florianópolis, v. 24, n. 48, 2014. Disponível em: <https://agora.emnuvens.com.br/ra/article/view/457>. Acesso em: 28 nov. 2019.

FREGAPANI, C. **Segredos da espionagem**: a influência dos serviços secretos nas decisões estratégicas. Brasília: Thesaurus, 2003.

GIRÃO, M. O acesso à informação e à CF/88. Legislação Especial, Lei n. 12.527/11, Lei de Acesso à Informação. 30 jul. 2016. Disponível em: <https://dhg1h5j42swfq.cloudfront.net/2016/07/30220858/Lei-n%C2%BA-12.527_Lei-de-Acesso-%C3%A0-Informa%C3%A7%C3%A3o_Esquematizada1.pdf>. Acesso em: 22 nov. 2019.

GOMES, R. C. **Prevenir o crime organizado**: inteligência policial, democracia e difusão do conhecimento. Revista Brasileira de Segurança Pública e Cidadania. Brasília: vol. 2, n. 2, jul-dez, 2009.

GONÇALVES, J. B. **Atividade de inteligência e legislação correlata**. Niterói: Impetus, 2010. (Série Inteligência, Segurança e Direito).

GRÁCIO, J. C. A.; FADEL, B.; VALENTIM, M. L. P. Preservação digital nas instituições de ensino superior: aspectos organizacionais, legais e técnicos. **Perspectivas em Ciência da Informação**, v. 18, n. 3, p. 111-129, jul./set. 2013. Disponível em: <http://www.scielo.br/pdf/pci/v18n3/08.pdf>. Acesso em: 24 nov. 2019.

HAMANN, R. Double Rainbow é passado: agora a moda é arco-íris branco. **Revista Tecmundo**, 13 dez. 2011. Disponível em: <https://www.tecmundo.com.br/curiosidade/16559-double-raibow-e-passado-agora-a-moda-e-arco-iris-branco.htm>. Acesso em: 18 nov. 2019.

INFORMÁTICA para concursos públicos. Diferenças entre Memória RAM e ROM. 7 min. Disponível em: <https://www.youtube.com/watch?v=9P1V-u_7uXs>. Acesso em: 22 nov. 2019.

INTERNATIONAL COUNCIL ON ARCHIVES. **Isad(G)**: General International Standard of Archival Description. Ottawa: Secretariat of the ICA Ad Hoc Comission on Descriptive Srandards, 1994.

JARDIM, J. M. O conceito e a prática de gestão de documentos. **Revista do Arquivo Nacional**, Rio de Janeiro, v. 2, n. 2, p. 35-42, jul./dez. 1987. Disponível em: <https://arquivoememoria.files.wordpress.com/2009/05/o-conceito-e-pratica-gestao-documentos.pdf>. Acesso em: 26 nov. 2019.

JOHNSTON, R. **Analytic Culture in the US Intelligence Community**: an Ethnographic Study. Washington: The Center of the Study of Intelligence, 2005. Disponível em: <https://www.cia.gov/library/center-for-the-study-of-intelligence/csi-publications/books-and-monographs/analytic-culture-in-the-u-s-intelligence-community/analytic_culture_report.pdf> Acesso em: 2 dez. 2018.

KOLBE JÚNIOR, A. **Sistemas de segurança da informação na era do conhecimento**. Curitiba: InterSaberes, 2017.

LAMPERT, S. R. **O software Nuxeo frente à implementação das funções arquivísticas de produção, classificação e avaliação de documentos**. Monografia (Especialização em Gestão em Arquivos) – Universidade Federal de Santa Maria, São João do Polêsine, RS, 2011.

LEITE, S. S. O emprego das fontes abertas no âmbito da atividade de inteligência policial. **Revista Brasileira de Ciências Policiais**, Brasília, v. 5, n. 1, p. 11-45, jan./jun. 2014. Disponível em: <http://www.sindipoldf.org.br/arquivos/93bea178e0.pdf>. Acesso em: 18 nov. 2019.

LIMA, E. Sistema eletrônico de informações (SEI). **Arquivista Hi-Tech**. Disponível em: <https://arquivistahitech.wordpress.com/2016/03/10/sistema-eletronico-de-informacoes-sei/>. Acesso em: 28 nov. 2019.

LINHARES NETO, D. A. **Lei de Acesso à Informação no Brasil**: possibilidades e limites na garantia do direito à autonomia do cidadão como necessidade básica. Dissertação (Mestrado em Políticas Sociais) – Universidade de Brasília, Brasília, 2015.

LLANES-PADRON, D. La Descripción Archivística: un Antes y um Después Marcado por Isad(G) y los Nuevos Paradigmas Archivísticos. In: VALENTIM, M. L. P. (Org.). **Estudos avançados em arquivologia**. Marília: Oficina Universitária; São Paulo: Cultura Acadêmica, 2016. Disponível em: <https://www.marilia.unesp.br/Home/Publicacoes/estudos_avancados_arquivologia.pdf f>. Acesso em: 21 nov. 2019.

LOPES, L. C. **A informação e os arquivos**: teorias e práticas. Niterói: EdUFF; São Carlos: EDUFSCar, 1996.

LOWENTHAL, M. **Intelligence**: from Secrets to Policy. Washington: CQ Press, 2003.

MARTINS, A. B.; SANTOS, C. A. S. Uma metodologia para implantação de um Sistema de Gestão de Segurança da Informação. **Revista de Gestão da Tecnologia e Sistemas de Informação. Journal of Information Systems and Technology Management**. v. 2, n. 2, 2005, p. 121-136.

MENDES, B. Segurança da informação em microempresas – estudo de caso. **Profissionais TI**. 18 jul. 2013. Disponível em: <https://www.profissionaisti.com.br/2013/07/seguranca-da-informacao-em-micro empresas-estudo-de-caso/>. Acesso em: 28 nov. 2019.

MERCADO, S. C. **Sailing the Sea of OSINT in the Information Age**: a Venerable Source in a New Era. CIA, 14 Apr. 2007. Disponível em: <https://www.cia.gov/library/center-for-the-study-of-intelligence/csi-publications/csi-studies/studies/vol48no3/article05.html>. Acesso em: 27 nov. 2019.

MORESI, E. A. D. et al. Inteligência de fontes abertas: um estudo sobre o emprego das redes sociais na prevenção à corrupção. In: CONGRESSO VIRTUAL BRASILEIRO DE ADMINISTRAÇÃO, 7., 2010.

NATO – North Atlantic Treaty Organization. **Open Source Handbook**. 2002. v. 1. Disponível em: <http://www.oss.net>. Acesso em: 25 maio 2017.

NGUYEN, N. H. **Essential Cyber Security Handbook = Manual essencial de segurança cibernética**. 2018. E-book.

PAES, M. L. **Arquivo**: teoria e prática. Rio de Janeiro: FGV, 2005.

PINCUS, W. CIA Alters Policy after Iraq Lapses. **The Washington Post**, 12 Feb. 2004.

PLATT, W. **A produção de informações estratégicas**. 2. ed. Rio de Janeiro: Agir, 1962.

QUANTO vale um petabyte? **Superinteressante**, 26 fev. 2011. Disponível em: <https://super.abril.com.br/ciencia/quanto-vale-um-petabyte/>. Acesso em: 12 nov. 2019.

RIO GRANDE DO SUL. Central de Informação. **Classificação de informações em grau de sigilo**. 2017. Disponível em: <http://www.centraldeinformacao.rs.gov.br/upload/arquivos/201704/06145759-classificacao-de-informacoes-em-grau-de-sigilo.docx>. Acesso em: 26 nov. 2019.

RODRIGUES, C.; BLATTMANN, U. Gestão da informação e a importância do uso de fontes de informação para geração de conhecimento. **Perspectivas em Ciência da Informação**, v. 19, n. 3, p. 4-29, jul./set. 2014. Disponível em: <http://www.scielo.br/pdf/pci/v19n3/a02v19n3.pdf>. Acesso em: 28 nov. 2019.

SAYÃO, L. F. **Rápida introdução aos repositórios digitais confiáveis**. 2010. Disponível em: <http://www.conarq.arquivonacional.gov.br/images/ctde/apresentacoes_gestao/repositorios_confiveis_2010_11.pdf>. Acesso em: 1º mar. 2018.

SIGA – Sistema de Gestão de Documentos de Arquivo da Administração Pública Federal. **Código de Classificação de Documentos de arquivo relativos às atividades fim das Instituições Federais de Ensino Superior** – IFES. Disponível em: <http://www.siga.arquivonacional.gov.br/images/codigos_tabelas/portaria_n0922011_codigo_de_classificacao_de_documentos_.pdf>. Acesso em: 19 nov. 2019a.

SIGA – Sistema de Gestão de Documentos de Arquivo da Administração Pública pourquoi Federal. **Tabela de temporalidade e destinação de documentos e arquivos relativos às atividades-fim das Instituições**

Federais de Ensino Superior – IFES. Disponível em: <http://www.siga.arquivonacional.gov.br/images/codigos_tabelas/portaria_n0922011_tabela_de_temporalidade_e_destinao.pdf>. Acesso em: 19 nov. 2019b.

SOMASUNDARAM, G.; SHRIVASTAVA, A.; EMC EDUCATION SERVICES. **Armazenamento e gerenciamento de informações**: como armazenar, gerenciar e proteger informações digitais. Porto Alegre: Artmed, 2011.

SORDI, N. de. Poder Público é obrigado a adotar processo administrativo eletrônico. **Consultor Jurídico**, 25 março 2016. Opinião. Disponível em: <https://www.conjur.com.br/2016-mar-25/poder-publico-obrigado-processo-administrativo-eletronico>. Acesso em: 26 nov. 2019.

SORDI, J. O. de; MEIRELES, M.; GRIJO, R. N. Gestão da qualidade da informação no contexto das organizações: percepções a partir do experimento de análise da confiabilidade dos jornais eletrônicos. **Perspectivas em Ciência da Informação**, v. 13, n. 2, p. 168-195, maio/ago. 2008. Disponível em: <http://www.scielo.br/pdf/pci/v13n2/a12v13n2.pdf>. Acesso em: 22 nov. 2019.

SOUSA, R. et al. O uso do código de classificação de documentos de arquivo do Conselho Nacional de Arquivos. **Arquivistica.net**, Rio de Janeiro, v. 2, n. 2, p. 19-37, ago./dez. 2006. Disponível em: <http://www.repositorio.unb.br/handle/10482/950>. Acesso em: 19 nov. 2019.

TANENBAUM, A. S. **Redes de computadores**. Rio de Janeiro: Elsevier, 2003.

TECHTARGET. **Disk Array**. Disponível em: <https://searchstorage.techtarget.com/definition/array>. Acesso em: 27 nov. 2019.

THOMASSEM, T. Uma primeira introdução à arquivologia. **Revista Arquivo & Administração**, Rio de Janeiro, v. 5, n. 1, p. 5-16, 2006. Disponível em: <http://www.brapci.inf.br/index.php/res/download/56814>. Acesso em: 19 nov. 2019.

WEBLINK. **O que são inodes?** 22 ago. 2017. Disponível em: <https://www.weblink.com.br/ajuda/o-que-sao-inodes>. Acesso em: 27 nov. 2019.

respostas

Capítulo 1
1. b
2. c
3. a
4. Trata-se de um programa de computador que fornece a lógica das operações computacionais. Os aplicativos, como um sistema de processamento de ordem, podem ser colocados em camadas em um banco de dados, que, por sua vez, usa os serviços de um sistema operacional para executar operações de leitura/gravação em dispositivos de armazenamento.
5. É a combinação da coleta contínua de informações e revisões constantes da infraestrutura inteira que compõe o *data center*. As principais condições para que ele seja monitorado de forma eficiente *são* segurança, desempenho, acessibilidade e capacidade.

Capítulo 2
1. b
2. a
3. b
4. A mineração de dados é o termo que abarca diferentes *técnicas que retiram informações de grande volume de dados e as transformam em algo significativo*. Hoje existem diversos *softwares* de *data mining* (mineração de dados) disponíveis gratuitamente no mercado.
5. Atividade que objetiva a obtenção, a análise e a produção de conhecimentos de interesse da segurança pública no território nacional, sobre fatos e situações de imediata ou potencial influência da criminalidade, atuação de organizações criminosas, controle de delitos sociais, assessorando as ações de polícia judiciária e ostensiva

por intermédio da análise, do compartilhamento e da difusão de informações (Ferro Júnior, 2008, p. 9).

Capítulo 3

1. c
2. c
3. a
4. Estudo: leitura de cada documento para verificar sobre que assunto deverá existir classificação e também quais as referências cruzadas que lhe corresponderão. Essa referência cruzada é adotada quando o conteúdo do documento se refere a dois ou mais assuntos.

    Codificação: atribuição do código correspondente ao assunto de que trata o documento.
5. Os itens são:
    - classificar o documento conforme o plano de classificação de documentos de arquivo;
    - identificar no primeiro ou no segundo nível de termos da taxonomia a área utilizada na classificação dos documentos;
    - utilizar os termos dos diversos níveis da taxonomia como descritores (termos de indexação) em complemento à classificação dos documentos; e
    - verificar a coerência da classificação combinada com a indexação nas dimensões funcionais e temáticas, respectivamente com os documentos.

Capítulo 4

1. d
2. c
3. a
4. Os itens são:
    - advertência;
    - multa;
    - rescisão do vínculo com o Poder Público;

- suspensão temporária de participar em licitação e impedimento de contratar com a administração por prazo não superior a 2 anos;
- declaração de inidoneidade para licitar ou contratar com a administração pública até que seja promovida a reabilitação perante a própria autoridade que aplicou a penalidade. (Brasil, 2011a)

5. Com a menor utilização de papel, reduzindo as impressões, transporte e principalmente menor utilização de espaço físico para armazenamento de documentos.

Capítulo 5

1. a
2. d
3. a
4. O LVM é um *software* executado no *host* e que tem a função de gerenciar o armazenamento lógico e físico. Funciona como uma camada intermediária que pode existir e que age entre o disco físico e o sistema de arquivos, com a possibilidade de agregar diversos discos menores com o objetivo de criar um disco virtual maior ou mesmo particionar um disco grande em discos virtuais de menor capacidade. O LVM fornece acesso otimizado ao armazenamento, simplificando o gerenciamento de recursos. Ele deixa detalhes escondidos sobre o disco físico, permitindo aos administradores alterar a alocação do armazenamento sem que haja alterações no *hardware*, inclusive quando o aplicativo estiver sendo executado.
5. Conjunto de locais de armazenamento de alta velocidade. Os registradores armazenam dados intermediários que são necessários para que a CPU execute uma instrução e fornecem acesso rápido, devido à sua proximidade à ULA. As CPUs geralmente têm um pequeno número de registradores.

Capítulo 6

1. a
2. c
3. a
4. Os dados precisam ser criptografados proximamente de sua origem. Caso não seja possível executar essa criptografia no dispositivo do *host*, pode-se utilizar um dispositivo de criptografia. Assim, os dados serão criptografados no ponto de entrada da rede de armazenamento. Implementar dispositivos de criptografia na rede que criptografa os dados entre o *host* e a mídia de armazenamento também é possível. Tanto os dados armazenados nos dispositivos de destino quanto os dados em trânsito podem ser protegidos por esses mecanismos.
5. O controle técnico por meio de autenticação do usuário e o controle administrativo na condição de autorização ao usuário. Vale dizer que, inclusive, eles podem ficar fora dos limites da rede de armazenamento e exigir que os inúmeros sistemas se interconectem com outros sistemas de gerenciamento e autenticação de identidades da empresa.

Capítulo 7

1. b
2. c
3. a
4. O ato de guardar é entendido como arquivamento, ordenadamente e, de acordo com o código de classificação, os documentos ficam dispostos no material de acondicionamento escolhido ou indicado (caixas, pastas, gavetas etc.).

    A escolha do método de arquivamento deve estar relacionada à forma como se pode buscar uma informação. Preferencialmente, esse deve ser um procedimento que vise à facilitação no momento de recuperação de um arquivo.

5. Os autores falam em *backup* dinâmico e *backup* estático. Quando ocorre um *backup* dinâmico, os usuários estão acessando seus dados durante o processo, pois o aplicativo está em execução, ao passo que em um *backup* estático, o aplicativo não fica ativo.

sobre o autor

Armando Kolbe Júnior é doutorando em Engenharia da Computação na Universidade Federal de Santa Catarina (UFSC) e mestre em Tecnologias pela Universidade Tecnológica Federal do Paraná (UTFPR). É especialista em Formação de Docentes e Orientadores Acadêmicos em EAD pelo Centro Universitário Internacional Uninter. É graduado em Administração de Empresas, com habilitação em Análise de Sistemas pela Faculdade Internacional de Curitiba. Atualmente, é coordenador do Curso de Gestão de Startups e Empreendedorismo Digital e professor do ensino superior e de pós-graduação do Centro Universitário Internacional Uninter, nas disciplinas de Sistemas de Informação Gerencial, Sistemas de Segurança da Informação, Sistemas Gerenciadores de Banco de Dados, Crimes Cibernéticos, Big Data, e-Business e e-Commerce e Inteligência Artificial, atuando na área presencial, semipresencial e EAD. No período de 2005 a 2015, trabalhou como Supervisor Designer Gráfico no Centro Universitário Internacional Uninter, onde implantou em conjunto com sua equipe o *learning management system* (LMS) da instituição: Uninter-Claroline. Também nesse período, formou equipes de design, desenvolvimento e transmissão, que atualmente se configuram como os setores que hoje são o Centro de Criação e Desenvolvimento Dialógico (CCDD) e Transmissão do Centro Universitário Internacional Uninter. Integra o Projeto de Gestão Eletrônica de Documentos da mesma instituição. Tem experiência na área de sistemas e segurança da informação, programação, design gráfico e gerenciamento de equipes. Atua principalmente nos seguintes temas: tecnologia da informação, tecnologia educacional, sistemas tutoriais inteligentes, sistemas e segurança da informação gerencial, bancos de dados, análise de sistemas, processamento de imagens e computação gráfica. É líder do grupo de pesquisa Descrição Arquivística em Instituições Privadas de Ensino Superior. É autor de *Sistemas de segurança da informação na era do conhecimento* e coautor de *Crimes cibernéticos*, ambos publicados pela Editora Intersaberes.

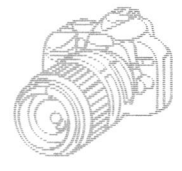

Os papéis utilizados neste livro, certificados por instituições ambientais competentes, são recicláveis, provenientes de fontes renováveis e, portanto, um meio responsável e natural de informação e conhecimento.

FSC
www.fsc.org
MISTO
Papel produzido a partir de fontes responsáveis
FSC® C103535

Impressão: Reproset
Fevereiro/2023

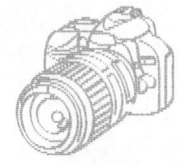